Leadership Strategy and Tactics
Field Manual

领导力战略与战术
实 战 手 册

〔美〕约克·威林克（Jocko Willink） 著
刘常庆 译

北京大学出版社
PEKING UNIVERSITY PRESS

著作权合同登记号　图字：01-2022-3785
图书在版编目(CIP)数据

领导力战略与战术：实战手册/(美)约克·威林克著；刘常庆译. —北京：北京大学出版社，2022.8
ISBN 978-7-301-33202-3

Ⅰ.①领… Ⅱ.①约…②刘… Ⅲ.①领导学—手册 Ⅳ.①C933-62

中国版本图书馆 CIP 数据核字(2022)第 139153 号

Leadership Strategy and Tactics：Field Manual. Copyright © 2020 by Jocko Command LLC. All rights reserved.
Published by arrangement with ICM Partners through the Bardon-Chinese Media Agency Ltd.

书　　　名	领导力战略与战术：实战手册 LINGDAOLI ZHANLÜE YU ZHASHU：SHIZHAN SHOUCE
著作责任者	〔美〕约克·威林克 著　刘常庆 译
责 任 编 辑	孙维玲　刘秀芹
标 准 书 号	ISBN 978-7-301-33202-3
出 版 发 行	北京大学出版社
地　　　址	北京市海淀区成府路 205 号　100871
网　　　址	http：//www.pup.cn　新浪微博：@北京大学出版社
电 子 信 箱	sdyy_2005@126.com
电　　　话	邮购部 010-62752015　发行部 010-62750672 编辑部 021-62071998
印 刷 者	三河市北燕印装有限公司
经 销 者	新华书店
	965 毫米×1300 毫米　16 开本　15.75 印张　184 千字 2022 年 8 月第 1 版　2022 年 8 月第 1 次印刷
定　　　价	58.00 元

未经许可，不得以任何方式复制或抄袭本书之部分或全部内容。
版权所有，侵权必究
举报电话：010-62752024　电子信箱：fd@pup.pku.edu.cn
图书如有印装质量问题，请与出版部联系，电话：010-62756370

# 简介　学习领导力的缘起

当我完成最基本的水中爆破训练,去海豹突击队第一分队报到的时候,还没有学过任何关于领导力的课程。当时,新组建的海豹突击队也没有印发过任何关于领导力的书籍或相关资料。我们很希望通过在职培训(On the Job Training,OJT)的方式来学习如何成为海豹突击队队员。

当然,在职培训有一些得天独厚的优势。当你在实际工作中遇到真正的挑战时,你就可以得到那些曾训练过你的可靠的领导者们的帮助和指导。在海豹突击队中,这意味着一位领导者会准确地告诉你应该如何处理你所面临的问题。如果你的领导恰巧是一个好的领导者,并且愿意教你,那么只要你发挥聪明才智去领悟,你就会学到一些关于领导力的东西。

然而,这种传授领导力的方法也存在一些致命的缺陷。首先,并不是所有的领导都是好的领导者,海豹突击队中的领导也不例外。1991年,我刚刚进入海豹突击队,没有面临任何战争。

第一次海湾战争刚刚打响，但仅仅用了72个小时，地面战争就结束了。海豹突击队只执行了很少的任务，对他们来说是小菜一碟。在那之前的20年里，几乎所有的军力部署都与和平时期的部署一样，而海豹突击队的首要任务是训练其他国家的军队。因此，对我和绝大多数军人来讲，参加战争似乎已成为一个遥不可及的梦想。事实上，自越南战争结束以来，海豹突击队和其他的美国军队一样，一直处于和平的状态，这意味着那些领导者们并没有经受过真正的考验。在海豹突击队，优秀的领导者和不合格的领导者一样，几乎都在同一批次快速晋升。

每支海豹突击队队伍中的领导者都应该有能力指导年轻的队员，但是我们无法确认哪一个队长是那种真正值得效仿的领袖，而且，也并不是每个领导者都愿意指导下属。此外，在实际情况中，就算是最优秀的领导者，也只愿意将他们的时间和知识投入少数人身上。即使在和平时期，领导者们也要做大量的行政工作，所以培训和指导年轻人很可能从日程安排中被忽略。

对于那些初级的海豹突击队队员来说，他们很有必要去关注这些事情，但也有很多事情让他们无暇顾及。有时，一个刚刚进入海豹突击队的队员很难想到那些问题——他们早晚有一天不再是新人，要成为队伍中的领导，所以他们现在需要去学习每件事，以便作好准备。

我很幸运，因为那些真正优秀的领导者愿意教导我。他们愿意花一些时间来向我解释一些事情，他们会用战略和战术来说服我。一些参与过越战的海豹突击队队员向我讲述重要的战术领导经验。我认真地聆听那些深入人心的故事和经验教训。最终，我能够把学到的领导理论运用到战斗中。在那之后，我把那些经验教训编写成册,并把它们传递给刚进入海豹突击队的年轻队员,试着教他们如何领导。

领导的目标看起来很简单:让每个人都做他们应该做的事,来支持任务和团队。但领导力的实践对每个人来说都是不同的。每个人都必须自己去发现领导能力的细微差别。每个领导者、下属和同事都是不同的,每个人都有自己的特点、个性和价值观。我常常告诫领导者们,不会与人打交道会让自己的领导目标很难执行,这不仅会把下属逼疯,也会逼疯自己。话虽如此,但就算是疯子也有自己的行为逻辑,所以每个人都有自己的行为模式。如果你能理解这些模式,你就可以预测事情的发展和影响。

从军队退伍之后,我开始教授文职领导者同样的战斗领导原则。最后,我和海豹突击队的队友立夫·巴宾合作,共同创办了"先头梯队"领导力咨询公司,将战场上的原则应用于所有领导场合。作为战争中的领导者,我们从战斗中学习到了很多的经验和原则,并将这些东西写到两本书中。它们不仅讲述了我们的经历,也讲述了如何将战斗领导原则运用于商业和生活中。《极限控制:如何在困境下逆袭并获取胜利》(Extreme Ownership: How U. S. Navy SEALs Lead and Win)和《平衡:打造超级团队的二元领导力法则》(The Dichotomy of Leadership)这两本书都清楚地阐述了战争和商业世界中的领导宗旨。当世界各地的领导者们将这些宗旨运用到他们的工作和生活中后,他们对这两本书给予高度的评价。

然而,如何运用这些宗旨可能比看起来更具挑战性。虽然理解这些概念看起来很简单,但是我们往往需要理解得更深刻:领导者必须要了解实际执行这些原则所需的战略和战术——如何务实地将这些原则付诸实施;领导者必须要了解建立这些原则的战略基础以及构成这些原则的核心要素;之后,领导者必须要了解如何运用领导原则的战术技巧、战略技巧和沟通技巧。这些就是这本书的全部内容。

就像我写的其他书一样,我所描述的经历都是基于我的记忆,往往不会那么完美。其中的表述也并不是一字不差,而是粗略地传达我的思想。为了保护所涉及人员的身份或敏感信息,我刻意修改了一些容易被识别的细节。

这本书不需要按顺序从头到尾读。我写这本书的目的是为一些领导者提供一些参考:针对他们所面临的困境,如何快速理解困境并作出相应的战略决策。领导力战略和战术会帮助领导者去完成他们应该做的事情——领导。

我是谁?我怎样教领导者去领导?我在哪里学的领导力?我所接受的领导力教育大多是靠运气,这大概就是幸运吧。一些幸运的巧合成为我最好的老师,给了我合适的机会去学习,赋予了我正确的心态。

我幸运的一个先决条件是我把注意力集中在领导力这件事情上,但事实上,我在其他方面并没有任何特别的天赋。小时候,我不是最敏捷和最强壮的,也不是最聪明的。我不擅长打篮球、踢足球或打棒球。我从没有赢过任何比赛,也没有获得过任何体育运动项目的奖杯和奖牌。当然,我的成绩单也是如此。如果我感兴趣的话,我可能会在课堂上取得好成绩。但我通常对学习没什么兴趣,我的成绩也显示出了这一点,很是一般。

不过,就我的性格而言,我想要做得更好,想让人们对我印象深刻。虽然我想给人们留下印象,但我的运动和认知能力不够。

所以，即便在很小的年纪，我就需要让其他更有天赋和技巧的人去做我想让他们做的事情。我需要去引领他们。

当然，那时我不认为这就是领导力。当我们朝着一个共同的目标前进时，我只是想通过让人们相互协作、相互依靠来完成这些事。也许目标只是在树林里建一座堡垒，或者计划用水枪对另一群朋友发动一次模拟的军事攻击。我发现，通常不管任务是什么，我总是喜欢指引那些比我更强壮、更敏捷或更有能力的人。这似乎就是我最能对任务作出贡献之处，也是我施展高水平能力的领域。

从前，我一直有叛逆的倾向，也许这是我想给人留下印象的一种方式。我从不迎合其他孩子的行为方式，我的行为方式是与众不同的。例如，我喜欢听重金属摇滚乐，而且是忠实乐迷。这些倾向使我与众不同。因为没有融入"正常"的孩子们之中，我就渐渐与他们疏远了。因此，我意识到，从外向内看会让我们对周围的人有一个更好的了解。我学会从客观的视角来观察他们的心思、小圈子和故事。

当我的叛逆情绪达到顶峰时，我决定加入海军。在我的家乡，一个新英格兰小镇上，很多孩子都在抽烟、喝酒、听古典摇滚乐。高中毕业后，很多人去上大学或经商。参军是我们镇上的孩子所能做的最激进的事情之一。而我更加激进：我尝试加入海豹突击队。

在20世纪80年代末90年代初，很少有人了解海豹突击队。海军招募人员带来了错误的视频，其中海豹突击队招募视频名为《你将与众不同》。虽然以今天的标准来看，这个视频有点做作，但在当时，它是我了解海豹突击队的唯一窗口：机枪、狙击手、炸药和快速行动。最后,我美梦成真,真的参军了。

当我告诉父亲要加入海军时,他对我说:"你会讨厌那种生活的。"

我问他:"为什么?"

他说:"因为你不喜欢权威,也不喜欢被别人指手画脚。"

我自信地回答:"但是,爸爸,这是海豹突击队,这是一个团队。我们不是在接受命令,而是一起工作。"

我承认,我当时还是太天真了,或者说就是愚蠢。我以为海豹突击队只是一群在一起工作的人,一个扁平化管理的组织,没有人是真正的领导者。在加入海豹突击队前,我甚至还听说海豹突击队有50%的伤亡率,而且几乎没有人能干满20年退伍,因为大多数海豹突击队队员都会受伤或死亡。请注意,当时是1989年,除了入侵巴拿马所持续的大约一个半月的战争之外,我们长时间处于和平状态。回过头来看,我敢肯定传言中50%的伤亡率是源于海豹突击队的前身——海军战斗爆破队(Naval Combat Demolition Units,NCDUs)在诺曼底登陆期间的伤亡率为50%。但当时的我并不知道这一点,还以为所有海豹突击队都有50%的伤亡率,并且对此深信不疑。这让我更加渴望成为海豹突击队的一员,就像我之前所说的,那时的我很天真,很坚强,也有点愚蠢。

但是,加入海军仍是我作的最好的选择。它为我的人生开启了新的篇章,之后的人生道路也有了明确的方向。在海豹突击队,没人会在乎我高中成绩好不好,是不是最好的运动员,这些都不重要;同样,也没人关心我来自哪里,我父母是谁,或者我之前做过什么事情。他们剃光了我的头发,给了我一套制服,告诉我要想成功需要做些什么：需要把床收拾成这样，把内裤叠成那样，把军靴擦得像镜子一样锃亮。如果你能遵守规则，并且按照要求完成工作，你就能当上领导。于是，我严格地遵守规则，做好每一件别人让我做的事，结果的确得到了回报：我被选为新兵训练营的班长。这意味着什么？严格地说，这其实不算什么，但对我而言意义重大，因为我终于成功了。更重要的是，我找到了一个家。

在基本水中爆破训练中，我也以同样的方式取得了成功。当然，我还是没有任何特殊的技能。我依然不是最好的长跑选手或游泳运动员，在障碍赛中的表现也不是最好的。但我告诉自己，我可以完成这些体能训练，不能放弃。

在基本水中爆破训练期间，几乎每个人都想过退出，但我从来没有想过，一秒钟都没有。在"地狱周"，我们连续五天进行体能训练，几乎没有睡觉的时间，这导致很多人选择退出。实际上，这对我来说反而是很轻松的，因为在"地狱周"，根本没有时间考虑别的。在进行基本水中爆破训练以外的时间，队员们都在不停地上课，几乎每天都要进行定时跑步、游泳和障碍赛跑。如果你超时一次或未能完成任何一项训练，那么你就要注意了。因为，如果再失败一次，你就要出局了。这让大家压力非常大。但在"地狱周"期间，关于完成目标之外的任何想法都是多余的。你必须坚持下去，不能放弃。当然，对我来说，这是最简单的。

通过基本水中爆破训练后，我进入了海豹一队。这令我十分激动，因为这里是战争英雄和传奇诞生的圣地。我们很自豪自己已经毕业了，已经准备好成为一名海豹突击队队员。但很快我就发现了一个问题，我们还不是正式的海豹突击队队员，所以我们没有理由自豪。

作为海豹一队之中最高级别的海豹突击队队员,指挥部的船长欢迎我们上船。

他说:"这里没人在乎你是否通过了基本水中爆破训练,因为我们都做到过。在这里,那已经没有任何意义。你必须证明自己,才能赢得'三叉戟'徽章。所以,闭上嘴,竖起耳朵,时刻保持警醒,而且一定要准时。还有问题吗?""三叉戟"就是制服上戴的金徽章,那是可以证明你是海豹突击队队员的一枚徽章。所以,为了得到"三叉戟",我们必须经过六个月的试用期,然后和队里的高级军官一起,通过书面和口头审查委员会审查。当时,我们都很紧张,但船长没有给我们任何安慰。

在那种令人感到被羞辱的时刻,没人敢向船长提任何问题。尽管经历过基本水中爆破训练,尽管被告知我们接受的是"精英"和"特别"的训练,但我们很快意识到自己还不是"精英",还有很多东西需要被证明。可不知何故,我确定自己一定会成为正式的海豹突击队队员。海豹突击队团队文化的基本理念之一就是:你永远不能停留在过去所取得的成就上,必须不断地进步。

在20世纪90年代初,当我刚刚进入海豹一队时,训练强度与现在完全不同。那时候,一旦你上船,最终都会被分配到一个海豹突击队中,那是你真正学会做一个海豹突击队队员的地方。

在此之前,没有任何战术性训练。在基本水中爆破训练中,你根本就了解不到海豹突击队队员的实际工作。你只要学会如何在阴冷、潮湿、疲累和痛苦的环境中工作,而且不能有任何怨言。在这里,你学不到任何能让你成为专业操作员的工作技能。只有当你成为海豹突击队队员后,才会学到那些技能。在那里,你需要学习的就不仅仅是如何通过消防水管,你需要学习的知识太多,需要精进的技能太多,需要理解的策略也太多了,而且你觉得自己永远都不会掌握全部知识和技能。和其他新来的人一样,我每天都在倾听和学习。

  我从加入的前三个排中学到了一些关键性理念。在以后的职业生涯中,这些理念一直萦绕在我的脑海中。这些理念也是我最终传授给海豹突击队其他成员的大部分原则的基础,最终我又把它们传授给了全世界的公司、企业和机构。这些都是我前文提到的"幸运时刻"的例子。我在正确的时间和正确的地点,以正确的心态去学习我所做的事情。然后,我很幸运地有了其他的经验来丰富我的知识结构,然后渐渐地,这些东西形成一个领导力体系,我又很幸运地将它们用到世界上最具挑战性的战场之一——2006年夏天的拉马迪战役。当我从那次战役归来后,就正式接管了西海岸海豹突击队的训练。在那里,我把学到的东西规范化,并编写和转录了下来。但是,我最终写下的所有东西都源于一个非常规但很有效的学习环境——海豹突击队。

目　录

第一部分　领导力战略

引言 ··· 3
　在第一个排:超脱 ·· 3
　在第二个排:自大与谦卑 ·· 9
　在第三个排:越界 ·· 18
　战斗法则和领导力原则 ·· 21
　关系的力量 ·· 31
　玩策略 ·· 34
　何时可以抗命 ··· 36
　生而知之还是学而知之 ·· 42
　领导与操控 ·· 47
　放弃自负 ··· 49
　领导者要说真话 ·· 53

学习 ··· 57

核心原则 ·· 59
　　核心原则 ·· 59
　　建立信任和关系 ·· 61
　　　　与下级 ··· 62
　　　　与上级 ··· 64
　　　　信任和权力下放 ··· 64
　　赢得影响力与尊重 ·· 67
　　对凡事承担一切 ··· 68
　　　　先发制人地承担责任 ·· 72
　　　　受责备时承担责任 ··· 73
　　捡弹壳 ··· 75
　　从后面领导 ··· 77
　　不要反应过激 ·· 80
　　我不在乎 ·· 82
　　每个人都一样,每个人都不同 ··· 83
　　发挥天性 ·· 87
　　作为领导者的孤立状态 ·· 89
　　区分轻重 ·· 90

原则 ··· 93
　　团队中最重要的成员 ··· 93
　　管理的范围 ··· 94
　　用纪律照顾下属 ··· 97
　　强制性纪律 ··· 98

骄傲（自豪）……………………………………………	101
发号施令 …………………………………………………	106
应声虫 ……………………………………………………	108
"没有糟糕的团队，只有糟糕的领导"之例外 …………	109

第二部分　领导力战术

成为一名领导者 …………………………………………… 115
　　新任领导如何取得成功 ………………………………… 115
　　如何被推选为领导者 …………………………………… 117
　　当你没有被推选为领导者 ……………………………… 118
　　冒牌者综合征 …………………………………………… 119
　　领导者的不安全感 ……………………………………… 122
　　从追随者和同级转型成为领导者 ……………………… 123
　　消除不满 ………………………………………………… 127
　　新官上任 ………………………………………………… 128
　　别太过火了，兰博 ……………………………………… 131

领导力技能 ………………………………………………… 135
　　何时应该站出来领导 …………………………………… 135
　　不要对人不对事 ………………………………………… 139
　　不要固执己见 …………………………………………… 140
　　迭代决策 ………………………………………………… 142
　　权力下放还是懒惰授权 ………………………………… 145
　　快捷键 …………………………………………………… 146

评判名声	148
随大流	149
一切都好（但又不那么好）	154

演练 156
用领导力进行教学和培养 156
- 修正消极态度 156
- 教会下属谦卑 161
- 建立和重建信心 163
- 培养高水平的团队合作者 164

领导同级 166
微观管理、优柔寡断或者弱势的上司 170
何时进行微观管理 174
上司想要独占功劳 177
几乎站不住脚的领导者 179
释放压力 181
处罚 184
何时放弃 186

沟通 193
让下属知情 193
控制谣言 198
明确的指示 198
因为我说了算 200
穿起原因的线 203
巧妙地告知真相 206

平衡表扬	209
希望	213
最后通牒	214
作为上司发最后通牒	214
作为下属发最后通牒	215
处理收到的最后通牒	217
反射和削弱	218
什么时候能冲着下属大喊大叫	220
让别人倾听	222
道歉	224
平易近人,但要出言谨慎	225
树立榜样	226

结论　全靠你,但不关乎你自己 ……………………… 228

译后记 ……………………………………………………… 230

第一部分
领导力战略

引　言

 在第一个排：超脱

在我效力的第一个排里,我学会了如何让自己从持续的混乱中超脱出来,退后一步去了解实际情况。我很幸运自己学到了这些。

我们训练如何攻击海上石油平台。在波斯湾,石油平台可能因各种原因被敌军占领,我们要把它们抢回来。20 世纪 80 年代,海豹突击队曾经在这一地区参与了针对伊朗控制的石油钻井平台的行动,而我们认为这种情况在未来仍有可能再次发生。因此,我们接受训练并作准备好执行这项独特的任务。

我们花了大量时间在商用石油平台的各个位置进行训练和模拟作战行动。这是一项很棒的训练,因为这些石油平台的结构极其复杂和危险。石油平台的很多零部件都是高度易燃的,所以,如果我们在石油平台上进行实战训练,就必须知道要注意哪些地方。在真实任务中,我们要用实弹和炸药把门打开,显然我们要确保事先了解所面对的危险。

石油平台作为一个攻击目标,真正的挑战在于其结构的复杂性。它是一个由放满设备的楼梯间、走廊、房间和开放区域组成的迷宫。与海豹突击队遇到的其他目标都不同,它是一个真正的三维空间。很多地面都是由可以一眼望穿的重金属格栅制成的,所以很难掩藏动作。敌人的威胁性很大,因为他们可以在很远的距离就透过镂空地面一眼看到你。

作为一名新兵,我尽力在正确的时间作出正确的举动,接收排长的战术号令,并努力执行这些号令。在任务部署前的测验中,我们排已经共同完成了很多训练。我们完成了全部陆战训练,进行了大量的近战训练,还进行了城市训练、侦察训练以及各种空中和海上训练。所以,当我还是一名新兵时,就已经和大多数其他新兵一样,开始了解一些战术了。我的个人技能并不突出。我不是打靶最准的,也不是装填武器最快的,而且从来没有在格斗、游泳、潜水训练中创造过任何纪录。但是,我对如何让领导者们教给我们的战术发挥作用以及如何应用战术很有信心。我密切注意着我们排的领导们,观察他们如何作出战术决策,尝试去理解他们为什么这么做。

但我只是名新兵,这里当然轮不到我发出战术号令或者告诉别人该怎么做。

然而,在一次石油钻井平台的训练中,情况发生了变化。当时,我们正井然有序地从平台的底部爬到楼梯间,往主控制室方向移动。这是我们在训练中第一次穿过整个平台。出于训练目的,我们把平台分成了几个小片区。这样可以练习先战术"清理"

一个片区的房间，再清理几个走廊，然后再潜进去清理楼梯间或者一些需要运用到特定技术的区域。

这是我们第一次从底部到顶部一次性不停顿地拿下整个钻井平台。在钻井平台中面积较小的底部，我们清理得很顺利。我们有条不紊地顺利清理了下部区域。完成守卫任务之后，整个排立即爬上楼梯，到达底层甲板，这是从底部上来后进入的第一个面积和整个平台一样大小的甲板。这个区域非常大，塞满了钻探设备、储备的物品和其他设备。这么大的面积，需要很多人才能有效地清理。最初的几个人登上底层甲板后，发出口头号令，要求我们其余人都加入。

我们整个排的16名海豹突击队队员爬上楼梯，涌到底层甲板上。我们在离开楼梯间进入甲板时，交替向左或向右移动，直到拉成一条直线，全部面向甲板，望着面前的迷宫。我们站成了经典的"线式"队形，就像南北战争中的散兵线一样，所有人并排站立，所有枪都指向前方，正对着敌人。我们身后是楼梯间和平台的边缘，再后面就是茫茫大海，没有什么威胁。

我像排里其他人一样站在那里，扫视目标并试着找出危险的高压或易燃区域，同时等待号令，通知我们下一步行动。

我等了一会儿，继续扫视目标，我觉得应该有人发令，这样我们可以知道下一步要做什么。

我又等了一会儿，还是没有人发出号令。我用余光瞥见左右两边的人都和我一样：把武器握在待命位置，扫描目标，等待号令。

但还是没有人发令。又等了一会儿，最后，我实在受够了，抬高了枪口，把它指向安全的方向，也就是指向天空，远离敌人。然

第一部分　领导力战略

后，我从射击线往后退了半步，左右看了一下。我清楚地看到：排里的每一个人（包括排指挥官、排长、助理排长和军士）都把武器指向敌人，寻找目标，但是没有人关注其他地方。他们的视野局限于武器所在位置的下方。没有人对正在发生的其他情况有任何形势上的感知。然而，即使是一名新兵，我也清楚地知道：当站在射击线上低头看枪的时候，只能看到射界内的东西。现在我退后一步环顾四周，可以看到整个甲板，看清甲板上所有的障碍物以及如何用最简单的方法清理它们。因为我退后了一步，从精神上和身体上都脱离了眼前的问题，就很容易看到解决方法，甚至比排里面比我资历更深的海豹突击队队员看得更加清楚。

我屏住呼吸，停了一秒钟，确认没有其他人要移动、环顾四周或者发令。所有人一动不动，整个排都僵在那里，我必须做点什么了。

"左边不要动，右边移动！"我尽力用最权威的声音发号施令。即使我这么说出了口，还是有点担心有人回头看到是我——一名新兵——在发号施令，然后告诉我闭嘴。

但是，排里的每个成员在听到口令后都如同我们平时训练的那样作出了反应，他们在传递口令："左边不要动，右边移动！""左边不要动，右边移动！"口令被顺着队伍传递下去，并变成了行动。甲板左侧的士兵保持不动，继续寻找目标进行掩护，而右侧的士兵开始移动，从右侧清理这个区域。这并不是一个复杂的战术号令，而是我们已经实践和演练了无数次的标准掩护行进程序，大家只要听到口令就能做到。

当他们执行这一行动时，我发现了一个非常重要的问题。我意识到，通过抬高我的枪口，从射击线往后退并环顾四周——通过身体上的超脱,哪怕只有几英寸,更重要的是,从心理上摆脱眼前的问题——我看到的东西就比排里其他人都要多。另外,由于能够纵观全局,我能作出正确的决策,这让我这样一个新人,一个排里最年轻的士兵可以领导大家行动。底层甲板很快被清理完毕,我们继续穿过钻井平台清理了剩余的楼层。没有人抱怨或者反对我的决定,当我们完成行动之后,一位老兵告诉我,我发了一个很好的号令。

排内队员的反应加强了我这种超脱的想法,我开始经常这么做。但这并非易事。有时,我仍然会专注于眼前的事物,但至少我意识到了这一点。我设定了自己的目标,即永远不要完全陷入问题的细微战术层面,而是要在身心上都达到更高的高度,看得更远。就像在石油钻井平台上一样,超脱这种方法在陆战、近距离战斗以及城市训练中也一样有用。它可以在我们所处的每个模拟战斗环境中发挥作用。越是频繁地使用超脱方法,就越容易看到和理解战术场景,而且也能将这一方法掌握得越好。

随着年龄渐长,军衔升级,我开始担任实际的领导职务,超脱成为我领导风格的一块基石。最终,我意识到超脱不仅适用于战术场景,还适用于生活。我发现,当与别人交谈时,如果我能够超脱,就能更好地读懂他们的情绪和反应。我还发现,如果我能够超脱,可以更好地评估和管理自己的情绪和反应。当我成为助理排指挥官、排指挥官和任务小组指挥官,我学会了从任务计划过程中超脱,这样我就不会陷入细节,就能看到更远大的图景,成为一个知道所有答案的战术天才。

超脱是领导者拥有的一种强大的工具。这里有一个很实际的问题：如何才能做到超脱？

第一步是要有这种意识。关注自己和周围发生的事情。设定目标，对于任何情况都要避免完全沉迷于细节。如果你有这种意识，经常进行自查，就更有可能避免视野变得狭窄。

关注你的呼吸、声音等信号：你是否呼吸急促？是否提高了嗓门？还要注意自己的身体：你是否在咬紧牙关，握紧拳头？

所有这些反应都表明人们对于当下的情况变得情绪激动。当出现这种情况或者局面变得混乱时，请后退一步。身体上后退一步，抬起下巴，这样能提高视线并迫使你环顾四周。一旦你的身体从当前的情况中脱离出来，就会提示你在精神上同样也超脱出来。深吸一口气，再呼气。不紧不慢地从左往右看，再从右往左看。你的身体在提示你的大脑放松，环顾四周，分析你所看到的事物，释放你的情绪，对情况作出冷静而准确的评估，这样你才能作出明智的决定。

当你开始遵循这些步骤并做到超脱时，你会发现它是领导者可以拥有的最强大的工具之一。

当然，这里存在着二分法，超脱也必须有所平衡。如果你超脱得太远，可能会完全游离在外，与正在发生的事情之间失去联系，这样也不行。但如果确实发生了这种情况，你开始失去与场景的联系，不必担心。只要退回去一步，与问题靠近一些，然后融入其中即可。

在第二个排:自大与谦卑

当你作为一个新人完成第一次任务部署之后,你就不再是新人了。你会被分到第二排,从"新人"变成一名"拥有一次行动经验的奇才",这意味着你不再是一个新兵,但你仍然一无所知,尽管你自己觉得并非如此。

我在海豹一队效力的第二个排的确有一支"拥有一次行动经验的奇才"队伍。这支队伍包括先前那个排里的一些人,再加上其他排里的"拥有一次行动经验的奇才"。我们排长是一位高级军士,他非常聪明,经验也很丰富。我们的上士(leading petty officer,LPO)也是如此。我们还碰巧有一位非常有才干的领导担任助理排指挥官,他是美国海军学院创纪录的四分卫奥尔顿·李·格里扎德。他不仅拥有天生的领导才能,还部署并参与了索马里实际行动。

所以,这个排的领导队伍很强大,除了排指挥官本人。他是从海军的另一个专业部门平调过来成为海豹突击队队员的。这意味着尽管他是上尉,却完全没有海豹突击队的经验。他没有参与过海豹突击队的工作或者部署,缺少作为一名排指挥官正常应该具备的经验。但这个排还是由他负责。

这点其实并不重要。军队的管理就是这样的,缺乏经验的军官周围簇拥着可靠的高级在编士兵,他们为军官提供战术指导,保证问题都顺利地解决,至少军队大部分时候是以这样的方式来运作的。但是这次,情况完全不同。

第一部分　领导力战略

这次的情况有些特殊,排指挥官不想听取高级军官或者我们任何人的建议。尽管除了新兵之外,他是排里经验最少的人,但他仍然想独自作出所有决策。所有的计划都是他的计划,所有的决定都是他的决定,他不想听取任何人的意见。

不用说,情况不太妙。他这样不仅激怒了高级军士,而且当我们其余人看到他没有参考高级军士的意见时,也感到紧张。如果他不听取排里经验最丰富的人的建议,我们担心他的计划可能会有问题。没错,排指挥官制订并强加给我们的计划并不明智,事实也证明了这一点。我们在战场上遇到了一些问题,尽管我们表现得都很出色,仍然没有按计划完成训练任务。

我们的出色表现并没有改变排指挥官的态度。未能完成训练任务时,他指责的永远是别人。他永远不会认识到或者承认自己的计划并不是最好的,也不会承认自己在战场上发出的指令并不是好的指令。

现在回想起来,很明显这位军官缺乏经验,但他却自视过高,以为这样可以掩饰自己的不足。当时的我还没有足够的经验去看清楚发生的事情。现在看来,很明显,他的字典里从来没有"谦卑"二字。

我必须给我们的高级军士和上士点个赞。我们这些年轻士兵旁观了他们如何竭力去奉劝、诱迫、影响和指导排指挥官。他们花了很长时间来解释事情应该如何运作,设法让排指挥官控制住自我意识,让他们中的一些人负责作一些战术决定。

但是,他们还是没能改变排指挥官。几个月过去了,排指挥官的行为没有丝毫改善。最终,在我们去沙漠执行艰苦训练任务的前一夜,上士(排里资历第二深的士兵)终于忍无可忍了。他不赞同排指挥官的计划，而且直接说出了自己的想法。分歧升级成为争论，他们两个开始大声地争吵起来，嗓门一个比一个大。最后，排指挥官猛地一下挥拳打了上士。我们所有人马上把他们俩拉开，这个场面太糟糕了。

一个健康的海豹突击队作战排里肯定有相当多的互相打趣。口头争吵经常引发一个回合友好的互殴，或者是轻松愉快的搏斗比赛。但是，这次打架却不一样，完全没有开玩笑的成分。更糟糕的是，一名军官挥拳打了一名在编士兵。

在接下来的几天里，整个排陷入了黑暗的情绪之中。我们意识到这里真的有问题。我们的指挥官傲慢自大，不听取任何人的意见。这太糟糕了。现在他想打我们的上士，实在让人难以忍受。我们不想袖手旁观，大家从发牢骚变成了咆哮，从七嘴八舌的抱怨变成群起而攻之。我们要进行反抗。

我们在在编士兵中举行了几次闭门会议。我们咨询了高级军士和上士，最终决定去拜访排指挥官，告诉他我们不想为他卖命了，我们希望他走。这是叛乱。

我不想把事情讲得听起来很戏剧化，但是根据军人必须遵守的法律守则《军事司法统一法典》的规定："被判犯有企图抗命、叛乱或未报告抗命或叛乱者将被处以死刑。"这就是我们正在做的事情——反抗我们的领导。当然，现在是和平时期，局势升级为刑事叛乱的可能性极小——那样的话我们就会被带到军事法庭——但是士兵要求解雇排指挥官这种事情也非同小可。

几天后，我们从沙漠训练区归队。我们的高级军士与指挥军士长、海豹突击队第一分队高级在编士兵进行了交谈，并解释了情况。他让我们与海豹突击队第一分队的指挥官进行了一次

第一部分　领导力战略

会议。

海豹突击队第一分队的指挥官是一位备受尊敬的领导。他为人勤勉,脚踏实地,富有人格魅力,是一名享有很高威望的战术作战员,这对于高级军官来说是难得的声誉。

按照时间安排,我们排的在编士兵到指挥官办公室进行汇报。他把我们叫进去,让我们一个个解释情况。我们向他汇报了在排指挥官打上士那天晚上所看到的情况,详细介绍了排里的整体气氛。我告诉他:"排指挥官根本不听别人讲什么,简直就是顺我者昌,逆我者亡。"

指挥官专心地听着。我以为他会赞同我们的观点,但是当最后一个人讲完后,他抬起头来说:"听着,小伙子们,我知道情况不是很理想,听起来似乎有些个性方面的冲突。但你们这样做是叛乱,海军里不允许出现叛乱。别这样做,回去工作吧,再想想其他办法。明白吗?"

"是,长官。"我们答道。

这样就对了。我们说出了自己的想法,然后被告知归队,我们也照做了。因为我们非常尊重这位指挥官,所以没有质疑他所说的话。他让我们归队,我们就归队。我们回到排里,重新开始工作。

指挥官把我们的叛乱压了下去。他这样做是对的,海军队伍中不允许出现叛乱,他也不会允许在他的海豹突击队里有这样的事情发生。

事实证明,他也不想要一个糟糕的排指挥官。在接下来的几天里,指挥官和高级军士进行了磋商,与我们排的二级军士长也进行了谈话,对这位排指挥官的领导能力问题进行了彻底的评估,然后根据评估结果,把排指挥官叫到办公室,免除了他的职务。这就不算是士兵的叛乱了,这是海豹突击队第一分队指挥官的决定。这位排指挥官被撤职后,离开了海豹突击队第一分队。

对于我这种年轻的海豹突击队队员来说,这是一堂很好的领导力课程:自大和以军衔压人是没有用的。然而,要不是接下来发生的事情,我大概也不能真正理解这一课。

这位排指挥官被撤职后,我们有了新的排指挥官。他和前一任完全相反。海豹突击队的每个人都听说过我们新的排指挥官,他的名字叫德尔塔·查理。

德尔塔·查理是一名享有很高声誉的军官和在编士兵。他从在编士兵一路晋升到二级军士长,是海军中第二高的军衔,仅次于军士长。那时他已经获得了委任状,成为一名军官。在他的职业生涯中,他曾参与过海豹突击队所能从事的所有工作。他最初效力于海豹突击队的前身——水下爆破队,后来水下爆破队解散重组为海豹突击队。他曾是理查德·马辛克的海豹突击队第六分队参与首航的第一批上舰人员。他曾被派驻一个常规的海豹突击队——特种船队,担任过基础水下爆破/海豹突击队训练的教官,甚至被派驻海军特种作战司令部微型潜艇的基地——海豹运输载具大队。

最重要的是,他有实战经验。他曾参与了对格林纳达的入侵,他的任务是控制该国的主要无线电塔。我们对那次行动了解的不多,但我们知道一件事:那可是真枪实战,而我们这些人谁也没有经历过真正的战争。

当我听说德尔塔·查理将接任排指挥官时,感到既兴奋又惴惴不安。毕竟,即使作为"拥有一次行动经验的奇才",我觉得自己有一点水平,但和德尔塔·查理绝对无法相提并论,他比我和排里所有人都要资深得多。我还想过,把德尔塔·查理分到我们这个排是为了收拾我们,让我们这群年轻的"叛乱分子"安分守己一点。我觉得,在"叛乱"之后我们将会处于严厉的领导和严格的控制之下,我准备坦然接受。

然后,我和德尔塔·查理见了第一面。他完全不是我想象的样子。他比我想象的个子要小,身高大约5英尺7英寸,而且身材相当瘦,体重大概在165磅左右。

他为人也比较随和,看上去很平静,总是面带微笑。第一次和我们交谈时,他说:"我很期待与你们大家一起合作。"

这预示着德尔塔·查理将会成为一个什么样的领导者。这点很微妙,但我注意到了。他没有说"我很期待领导你们",或者"我很高兴接管这个排",或者"我要严格管理",甚至"我很荣幸担任你们的指挥官"。相反,他说希望与我们所有人一起工作,他的用词与我们从前任排指挥官那里所听到的形成鲜明对比。前任排指挥官在说话时一直与我们划清界限。但德尔塔·查理不是这样,他从来不表示出高于我们或者与我们划清界限,而是表示他是我们中的一员。

德尔塔·查理和他的前任之间的反差远不止于此。这两个人在各方面都截然不同。这对我来说是件好事,因为这两位领导的强烈对比给我留下了深刻的印象,并且影响了我一生的领导行为。

德尔塔·查理和他的前任之间最大的区别是:德尔塔·查理拥有丰富的经验,而前任排指挥官却与新人无异。德尔塔·查理什么任务都参与过,而前任排指挥官什么任务都没参与过。由于德尔塔·查理经验丰富,我希望他能确切地告诉我们该怎么做。毕竟,那位缺乏经验的排指挥官在任时都是这么做的,他总是自己想出一个计划,告诉我们他希望我们怎么做,而且要求我们完全按照他的命令去执行。

后来,我和排里其他士兵一样感到十分震惊:德尔塔·查理从来不命令我们做任何事情,对于任何事情他都不告诉我们他的计划,也不告诉我们他希望我们做些什么。他采用的是经典的权力下放策略:他只告诉我们需要做什么,然后让我们去思考要怎么做。这里所说的"我们",不仅是高级军士,也包括我们这些新兵。他会告诉我或其他新兵:"嘿,这是今晚的任务,想一下你们认为我们应该怎么做,然后告诉我。"

我们很紧张,也很兴奋。我们想做好,所以尽最大努力去制订一个在战术上合理的计划。我们制订好计划之后,就去向德尔塔·查理汇报。当然,他会发现其中的一些错误,并向我们指出这些错误。我对此印象很深刻:我们花四五个小时仔细研究假定的作战行动,盯着地图,讨论并寻找我们想法中的漏洞;当我们最终将计划提交给德尔塔·查理时,他会迅速评估并指出一些问题。一切都非常神奇,他似乎是个战术天才。后来我才意识到,他已经超脱了制订作战计划这一任务,所以能够从高处俯瞰,轻松地看到漏洞在哪里。

这与我们前任排指挥官自己提出计划然后强加给我们的做法截然相反。以前,反而是我们去发现他的作战计划中的漏洞,完全无法理解他怎么会提出如此可怕的计划。

最重要的是,当德尔塔·查理允许我们提出计划时,我们将完全为这个计划承担责任。这是毫无疑问的,因为它是我们的计划。他不需要说服我们接受它,因为我们已经接受了。当我们进入战场执行计划时,也因为这是我们自己制订的计划,所以更加会全力以赴地保证它成功。当我们遇到障碍时,会想办法绕过去、跨过去或者穿过去。我们会不遗余力地执行计划并完成任务。

这与我们对待前任排指挥官给出的计划的态度完全相反。那是他的计划,不是我们的计划,所以我们不会对这些计划承担责任,而他也需要花费很大力气让我们接受他的计划。毕竟,我们拥有自己的想法,存在着自我意识,并经常认为自己的想法是最好的。当他把一个计划强加给我们时,我们很自然地认为自己的计划更好,而且这个想法会一直萦绕在心里,特别在我们上战场时。当我们遇到障碍时,我们不会去想办法克服它,只是想:排指挥官没有想到这一点吗?他的计划真糟糕!我的计划比他的好。如果不能让每个人都接受这个计划,主动承担责任,竭尽全力确保计划得以执行并完成任务,那么,这个计划很有可能会失败。

德尔塔·查理还做了一件让我印象深刻的事情:倒垃圾。这虽然没什么大不了,但是我从来没有见前任排指挥官这样做过。排的办公室(在海豹突击队中称为"排营房")每天都需要打扫,这个任务通常是交给新兵的。每天训练结束后,新兵们打扫卫生、掸灰尘、倒垃圾。打扫是一项卑微但必要的工作,它能让新兵保持谦卑。作为"拥有一次行动经验的奇才",我觉得以自己的资历已经不用干打扫的工作了。在我看来,级别越高的人,离打扫这种粗重活就越遥远。

除非你是德尔塔·查理。每天训练结束时,他都会去倒垃圾，或者拿把扫帚扫地。他用不到两分钟的时间扫地，然后把两三个垃圾桶中的垃圾整理到一起，然后拿出去扔到垃圾箱里。但是，那两分钟让我印象很深。这是一种身体力行，展现了骨子里的谦卑。德尔塔·查理是排里级别最高的，经验最丰富的，可是他却在倒垃圾。这让我自惭形秽。

这种情况我们只看到过几次，随后其他级别较低的士兵和我就开始抢先倒垃圾和扫地，这样德尔塔·查理就不用再做了。我们这样做完全出于尊重。德尔塔·查理从来没要求别人尊重他，但他却赢得了大家的尊重。

另一方面，前任排指挥官总是特意避免干任何粗活，他觉得这会让他有失身份。他是排指挥官，是负责这个排的军官，他不会去倒垃圾的。既然他那样做，好吧，我们也不会帮他倒垃圾。其他级别低的士兵没有一个人帮助他做过任何事情。他只能靠自己。

尽管德尔塔·查理是一位出色的战术家，一名不可思议的计划者，一位天才作战人员，但却是他的谦卑让整个排都心甘情愿地为他效力。我们不想失信于他，不想让他失望，不希望他作为我们的排指挥官有任何不完美之处。所以，我们凡事都竭尽所能。这种尽职尽责体现在整个排的行事方式上。这是我待过的最好的一个排。

在这个排的经历改变了我的人生，而德尔塔·查理也对我产生了巨大的影响。因为，当你在一个海豹突击队作战排里还是一名年轻的新兵时，那个排就是你的整个世界。在那个排里，原来的排指挥官领导我们时，我们的世界很悲惨。但是，当德尔塔·查理接管之后，我们的整个世界几乎在一瞬间变得美好起来。这是我所见过的最强大的领导力展示之一。我觉得,当时德尔塔·查理让整个队伍都受益了。如果可以的话,有一天我要努力让一个排的16名海豹突击队队员的世界都变得美好。正是这种想法引领我走上成为一名军官的道路。

德尔塔·查理教会我的一件最重要的事情就是谦卑。他几乎拥有全部的经验、知识和最高的职位,完全可以高高在上,看不起我们,完全可以表现得他比别人都要出色,但是他从来没有看不起我们。正是因为他没有这样做,我们才尊重他,从心底里想要追随他。直到今天,我仍然在以他为榜样。

在第三个排:越界

在我待过的第三个排,我们的核心团队再次团结在一起。我们彼此了解,彼此信任,像一支紧密合作的团队一样共同作战。和当时每个排的情况一样,我们从德尔塔·查理担任排指挥官的排里撤回部署之后,又有了一个新的排指挥官。他是一个声誉很好而且可靠的人,我们非常喜欢他。当然,因为前任干得很好,他被寄予厚望。他也知道这一点,但没有因此而烦恼。他没有尝试成为德尔塔·查理,而是走自己的路,发挥自己的优势,表现得一样很好。他没有德尔塔·查理那样丰富的经验,但那时候,我们这些级别较低的士兵已经从德尔塔·查理那里学到了很多东西,我们可以自己做很多事情。新任排指挥官知道这一点,并对此表示满意。

我们进行了一次很好的"诊断检查",也就是我们所说的部署前训练周期,然后我们被派往美国海军舰艇上进行海外部署。因为当时没有战争,我们被派往其他国家工作,训练东道国的军队,或者进行我们自己的训练。

有一次,我们下船进入波斯湾地区一个国家的沙漠进行单方训练,这意味着只有我们自己人——没有外国军队或其他美国部队。我们在沙漠中部进行了一些陆战训练,为即时行动演习(Immediate Action Drills,IADs)进行一些复习训练。即时行动演习是海豹突击队作战排在与敌人交战时执行的预先计划的动作,就像橄榄球队预先计划好的打法一样。有多个预先指定的号令用来指示排里成员要执行的动作:侧翼接敌,停止接敌,各就各位或者前进、后退、向左或向右移动。这些号令通常由排指挥官或者排长根据敌人所处的位置发出。

在这个特定的演习中,我们在巡逻的时候遭到敌人"攻击"。我们发现了一些人形轮廓目标,然后开始朝着它们射击。作为通信兵,我走在排的前面,我前面是排指挥官,再前面是先遣兵。

射击开始后,我们所有人都进入了战场,就像之前进行的无数次训练一样。我迅速扫视了一下我的战场,然后从精神上开始超脱,环顾四周来评估情况。我们在一条小沙堤后面,这条沙堤为我们提供了良好而坚实的掩护。感觉到自己没有危险后,我把头抬高了一点,以便看得更清楚一些。我发现,实际上这条护堤为我们提供了一条良好的逃脱路线,我们可以一个一个地从后面转移过去。

我在等待排指挥官发令,但他没有。我又等了一会儿,他仍然没有发令。因为我已超脱出来而且护堤后面没有"危险",所以我清楚地知道将要发生什么。需要有人发出号令,但是没有人发出号令。又过了一两秒钟,我终于大喊道:"向右剥离(peel right)[1]!"每个人按照训练的那样,把这个号令传递下去,然后我们开始了向右剥离的行动。

一切进行得很顺利。这是我们训练过的一些最基本的号令和最简单的行动。几分钟后,在距离"敌军"几百米处,我们快速形成了一道防线,确定360度都安全后,我们重新分配弹药,清点好人数,然后下令停火和演习结束,这意味着训练也结束了。

我们做了一个简短的总结。排指挥官似乎很沮丧。

"是你发出那个号令的吗?"他问。

"没有人发令,所以我就发令了。在没有命令的情况下,领导!"我引用了一条古老的军事领导准则。

"不存在没有命令的情况。我正在评估情况,我想进攻敌人的。你的号令发得太早了。"他告诉我。虽然他并没有把这件事看得那么重要,但我明显感觉到他对我的做法很不满意。

对我来说,反驳和攻击排指挥官很容易。"你没有发令,那就必须有人发令!"我原本可以这么对他说的,但这样做不行。相反,我意识到自己犯了一个错误。虽然这不是一个严重的错误,但是我越界了,我这样做造成了负面影响,因为我们没有执行排指挥官的计划。但这对我也产生了正面的影响,它给了我一个教训。从那一刻起,我意识到并不总是需要去领导,我不需要成为决策的中心。我意识到自己的工作是去支持团队和任务,也就是支持上司。

这一教训我得到的相对还算容易。之后我继续在海豹突击

---

[1] 在美军特种部队,由"交替掩护"演变过来的一种脱逃术。——译者注

队服役时,我看到同样类型的错误在以可怕的方式不断地上演,对于谁负责、谁发令、谁领导、谁服从,自我意识在不断地碰撞。在我的职业生涯中,总是看到人们在争权夺利、相互竞争,而不是与敌人作斗争,在生意场上亦是如此。

那天我领悟到一点,即使我必须作好领导的准备,我也必须知道什么时候应该服从。要成为一个好的领导者,就必须成为一个好的服从者。我学会了让自我意识服从于任务和上司。这表示我很弱势吗?不,这说明我将团队和任务置于自己之上,这样我们才能获胜。这个简单的道理在我的职业生涯中被验证了数千次。

战斗法则和领导力原则

在接下来几年的军事部署中,我又学到了很多其他的教训。这些教训在我部署任务时都得到了验证。在拉马迪战役中,我领导海豹突击队第三分队的"壮汉作战小组"。这次部署是我和立夫·巴宾在《极限控制:如何在困境下逆袭并获取胜利》和《平衡:打造超级团队的二元领导力法则》这两本书中提到的大部分战斗实例的来源。但是,直到我接手西海岸海豹突击队的战术训练之后,这些原则才得以具体化。这种训练不是让海豹突击队队员学习个人技能,例如狙击或战斗创伤护理的个人训练,而是集体训练。海豹突击队队员分成作战排和作战小组一起工作,讨论标准操作规程,学习如何整合在一起完成任务。这种训练是让海豹突击队队员学习射击、移动和交流,学习如何靠近并消灭敌人,学习战斗领导能力。

我负责的这一训练涵盖了所有战术环境,包括野外地带(例如沙漠、森林或山区)、城市和乡镇这样的环境以及各种形状和大小的建筑物封闭区域。在这一训练中,海豹突击队队员学习乘坐小船在海上进行远距离航行,或者戴上呼吸器穿越海底。他们从飞机上跳伞,从直升机上降落下来,学习和演练与列队车辆进行交战的战术。他们作为一个团队一起完成所有这些事情。

每个训练模块的结尾都包含我们称为野战演习(FTX[1])阶段的内容。野战演习由完整的任务组成,海豹突击队作战小组将进行模拟作战的整个过程,从计划到演习、进入、渗透、对目标采取行动,然后撤离并返回基地。回到基地后,他们将演练如何分析收集到的情报,用这些情报为后续的训练行动制订计划和作准备。

野战演习阶段通常包括5—7天的连续作战。这期间睡眠时间很少,而且压力很大。规划周期很短,需要有良好的判断和组织能力。一旦部队上了战场,压力就会非常大。

教官竭尽所能模拟战斗场景。各个排都装载了模拟彩弹,或是在海豹突击队队员的武器上安装价值数百万美元的激光射击系统。激光射击系统还要求海豹突击队队员穿上装有传感器的衣服,这样可以检测到他们是否被击中。当他们被"击中"时,装有传感器的背心中还有一个小扬声器,宣布这名海豹突击队队员的受伤程度以及是否被击毙。扬声器还发出子弹嗖嗖地从头顶上飞过和该区域内爆炸的音效。

---

〔1〕 FTX 是 Field Training Exercises 的缩写。

彩弹和激光系统让海豹突击队队员可以主动地与扮演坏人的其他海豹突击队队员，或者我们称之为假想敌部队（OPFOR[1]）作战。假想敌部队一般都是由经验丰富的海豹突击队教官组成，他们了解海豹突击队的战术。毫无疑问，他们是海豹突击队作战排和作战小组面对的最厉害的敌人。

除了穿着敌军制服扮成假想敌部队以外，教官还采取其他措施让训练显得更加真实。他们请来专业的布景设计师，把训练区域布置得看起来像伊拉克、阿富汗或者任何海豹突击队可能进行战斗的地方。他们还会对建筑物的表面进行特殊处理，使其与国外的建筑物和建筑材料相似。这里有用外语写的路牌和涂鸦，甚至整个市场都可以被组装出来，市场上还有可以买卖的当地商品。

在这些场景中，除了假想敌部队之外，还有其他角色扮演者，他们扮演的不是敌对的叛乱分子或恐怖分子，而是无辜的平民。教官会请来少数民族男女演员扮演这些角色。他们不仅穿着打扮得像当地人，还要说当地方言。这给海豹突击队队员完成训练又设置了一道障碍。

创造压力最后还有一招，使用特效和烟火。爆炸、烟雾、火、火箭、手榴弹和模拟的简易爆炸装置都被用来制造压力，增加场景的真实感。

所有这些元素结合在一起，会使训练看起来很真实。透过夜视镜看到建筑物的细节、周围的人和爆炸现场，你很难认为自己是在训练，而是觉得真的在打仗。

---

[1] OPFOR 是 Opposing Force 的缩写。

这就是我从拉马迪战役回来后负责的训练。在我接手训练的几天后,我去了沙漠,观察海豹突击队一个作战小组正在进行的陆战训练的野战演习阶段。

那绝对是一场灾难,一次彻底的失败。

当我看到队员们制订的计划时非常担心。情况极其复杂:他们的任务是攻击沙漠中的一个目标,这个目标包括一个小山谷中被六栋小型建筑物围绕着的一栋大楼。他们将部队分为六个分队,每个分队从不同的方向接近目标。虽然这是隔离目标并防止有人从目标逃脱的最佳方法,但也非常困难。它让团队之间相互支持甚至沟通的能力降到了最低。当团队被分开时,很容易引起混乱。而当团队被分为六个分队,混乱就会成倍加剧。让事情保持简单是一条古老的军事准则,适用于任何类型的计划。这个作战小组没有让事情保持简单。

在到达目标之后,情况变得更糟了。袭击开始了,马上有几个分队被敌军的炮火困住了。由于他们与其他分队相距较远,无法获得支援。其他分队无法提供火力掩护,这意味着被困住的分队无法移动。如果他们硬是要在没有掩护的情况下移动,就会遭受更多的伤亡。这是我从越南海豹突击队那里学到的教训,这一教训在海豹突击队所从事的所有工作中得到了验证:掩护和移动。如果要移动,则必须有人掩护你,保护你。这意味着要有人不断射击,让敌人保持头低下,或者要有人处于一个有利位置,在你移动时能观察到敌方人员的身影。这是我们海豹突击队队员的基本战术。

假如有一对射击手——只有两个人——要保护一名囚犯,其中一名海豹突击队队员负责用武器瞄准敌人,而另一名海豹突击队队员则采取行动控制因犯。如果因犯有任何行动，海豹突击队队员就会用他的枪消除威胁。

如果一个排在进行"危险穿越"，即穿越道路或河流，我们一般让机枪手来压制道路，确保没有敌人能靠近。如果有敌人靠近，机枪手就投入战斗，掩护整个排穿过开放区域。

当我们沿着走廊移动时，一般会有一两个海豹突击队队员带着武器对准走廊尽头，掩护排里其他人员移动。

如果我们组成火线小组在乡村作战，当一个火线小组移动时，另一个火线小组进行火力压制或者扫视这一地带侦察敌情。在标靶射击时也一样，一支队伍搭起基地进行火力压制，而另一支队伍往前移动穿越目标。在他们移动时，基地那支分队负责转移火力，一直走在机动分队前面。

掩护和移动这一战术甚至可以在更大范围内使用。当一个排或作战小组移动到目标区域时，通常会有飞机在头顶上方，用强大的光学传感器进行监视，扫视这个区域以探查敌情，并随时准备在必要时提供火力支援。

但是，在这次特殊的野战演习训练中，各个分队根本无法为彼此提供掩护。

最重要的是，一支较大的分队在作为目标的那栋大楼中遇到了很多问题。他们遭到多个方向的彩弹袭击，一些人已经受伤。许多无辜的平民受到惊吓，尖叫着寻求帮助。这支分队的领导不知道他手下的人都在哪里，所以他不想离开这栋大楼，因为担心会有人被遗留下。

我站在那里观察这位领导。他想照顾受伤的士兵，想清点一下人数，又想控制住平民。最后，他还想弄清楚他们是从哪个方向被袭击的。他似乎没有意识到,如果不能阻止敌人向他开枪,如果他在交火中没有获胜或者没有压制住敌人的火力,其他问题都毫无意义,因为所有人都死了。他想同时做太多的事情,正因为如此,什么都没做成。他要找出最重要的问题,执行计划来解决这个问题,然后再解决下一个问题。他要先确定问题的优先级再采取行动。

当他带领部队做他想做的事情时,发出了冗长而复杂的指示。本来已经一片混乱,再加上这些复杂的指令,没有人真正理解他想要队员们做什么。他的语言太混乱了。因为不了解他要做什么,部队就不可能执行任何行动。同样,他现在需要做的是让事情保持简单,在这里就是,要保持他的语言简洁明了。

这些复杂的命令也揭示了我注意到的最后一个问题:团队中的每个人都在等着被告知该做什么。排指挥官在等待作战小组指挥官的指示,班长在等待排指挥官的指令,火线小组组长在等待班长的命令,每个海豹突击队队员——机枪手和狙击手、医护兵和通信兵——都在等着被告知要做什么。所有指示都只来自最高领导人,所有命令都是集中的。在等待命令时,他们僵在那里,什么也没做。

他们所有人要做的就是采取主动,去做事情。他们要了解上级的各种指示,然后采取行动。他们需要的是权力下放。

很快,这个作战小组就完全丧失了战斗力。我下令让假想敌部队全部撤退,不要再发起进攻。作战小组被瓦解了,成员们陷入了困境,他们用了很长时间才制订好充分的计划,把伤亡人员从战场运到撤离点。这一任务相当艰巨,因为这个作战小组有一半以上的"伤亡"人员。在陡峭和崎岖的山路上搬运两三百磅的尸体四到五个小时,让大家有足够的时间思考他们究竟哪里做错了。

这也给了我充足的时间来思考。

对我而言,最重要的是,这个作战小组之所以惨败,原因只有一个:领导力。

然后,我意识到,在我教授给这些海豹突击队队员的所有东西中,最重要的是要教会他们如何领导。我要借助自己在职业生涯中获得的经验教训,这些教训可以追溯到我们在越南参加过战斗的前辈海豹突击队员。当我在伊拉克部署时,这些教训在持续的战斗中得到了具体化。我需要吸取这些教训,把它们提炼成这些年轻的海豹突击队领导者们容易理解并可以在他们的作战排和作战小组中实施的东西。

当晚,回到兵营后,我坐在大厅里的一张桌子前,写下了我认为的战斗领导力最重要和最基本的原则。我称之为"作战法则":

- 掩护下移动
- 保持简单
- 确定优先级再执行
- 权力下放

掩护下移动被放在第一位,因为它是所有战术的根源,而且它讲究的是团队合作。在战场上,如果一个小组有另一个小组的支援,它的战斗力就会大增。两个小组一起合作,互相掩护并移动,不仅效率提高了,它们的影响和能力也成倍增加。如果各个成员、团队各个分队、各个团队之间没有协调与合作,所有人都会失败。

我曾经给予海豹突击队的火线小组、班、排和作战小组们一个最严厉的警告,就是各个分队之间一定要保持支援距离。这个理论术语的意思是,两个小组之间要保持能够被对方进行有效火力掩护的距离。我还要补充一点,这个距离要能够被主要通信或至少辅助通信覆盖。这样,每个分队都可以在需要时获得帮助。一旦某个分队超出支援距离,就注定要失败。所以,掩护下移动是一种团队合作,这是作战法则中最重要的一条。

接下来一条是保持简单。具备掩护下移动的能力后,我们就拥有了一支相互协作的队伍,然后我们要制订一个简单清晰的目标。团队中的每个人都必须了解这个目标。目标必须很清楚。除此之外,还必须以简单、清晰、简明的方式向上下级传达计划和指令,保证所有人都理解。简单是关键,因为如果团队成员无法理解目标或者实现这个目标的计划,他们就不可能去执行。所以,要保持简单。

下一条法则是确定优先级再执行。有时候要完成多个任务或者必须解决多个问题。如果领导者或团队成员尝试一次做完太多事情,最终有可能一事无成。首先要应对影响最大的任务或者最严重的问题,然后再解决下一个问题,以此类推,直到所有问题都解决完为止。

最后一条法则是权力下放。在采取权力下放这条法则之前,团队必须先实施其他法则,只有这样权力下放才能实现;团队中的每个人都必须站出来领导。

一个作战小组通常有八支 4 人或 5 人的火线小组。每个火线小组都有一个组长。我曾经问过作战小组的指挥官:"如果每个火线小组组长都清楚地知道你的意图是什么,你希望作战小组完成什么,他们会主动实现你的意图吗?"这是一个反问句,因为他们知道答案。如果火线小组组长主动带领团队实现指挥官的目标,那么对于作战小组的指挥官来说,事情就好办多了。

但这一切都取决于作战小组的指挥官是否简单清楚地传达了他的意图。只有当火线小组组长明白了指挥官的意图,他们才能去执行。他们的执行力还取决于作决策的信心以及感受到的授权程度。只有当火线小组组长感到自己有权力做一些事情,他们才会站出来领导。授权在下级领导的思想里根深蒂固,必须植入团队文化。

这四个理念,即掩护下移动、保持简单、确定优先级再执行和权力下放,就是四条作战法则,它们很有用。我反复地去了解。随着海豹突击队作战排和作战小组在各个训练模块中提高了执行这些法则的能力,他们完成任务和克服困难的能力也得到了相应提高。最终,无论假想敌部队做什么,真正有能力的小组都能击败他们。

相反,如果作战小组没有学习运用这些法则,执行任务就会以失败告终,而失败总是与他们未能遵守或有效地执行一条或多条法则直接相关。这些法则很可靠,但并不容易掌握,需要不断地训练和经历失败才能完全掌握。可一旦真正掌握这些法则,它们会发挥很大的作用。

我在担任训练分队的指挥官期间强化了领导力的两个组成部分:承担一切和领导力平衡。

承担一切是指在出现问题时不找借口、不指责任何人或抱怨任何事情的心态。优秀的领导者和优秀的团队不会去责怪别人或者找借口,而是对问题负全责,找到解决方案,并实施这些解决方案。不主动承担责任会导致问题无法解决,团队也永远不会提高。

领导力平衡这个术语用来形容把领导者同时拉往两个相反方向的对立力量。任何特质、技术或者态度都容易在一个方向或者另一个方向上走得太远。为了正确地进行领导,领导者必须追求平衡。例如,领导者必须讲话,但是如果讲得太多,就会给下属带来太多信息。如果他们讲的太少,团队就无法获得足够的信息。所以,领导者必须在多说和少说之间取得平衡。领导者必须积极进取。但是,如果过于激进,可能会面临风险。相反,如果他们不够积极,就永远无法取得进展。因此,领导者还是要追求平衡。这种二分法的清单可以无穷无尽地列下去,而答案只有一个,领导者必须追求平衡。

当我观察各个排的训练时,反复看到承担一切和领导力平衡这两条原则的重要性。当各个排应付艰苦训练和作战场景时,这些原则是将作战法则结合在一起的重要基石。

但是,这些法则和原则不仅仅适用于战场上的战术领导。我对作战法则了解得越深入,就越能够看到它们体现在我所做的每一件事情中。我在练柔术时看到了它们,在家庭生活中看到了它们。同时,作战法则也适用于各种类型的领导力,厘清错综复杂的关系,建立联盟和让人们接受计划和思想。与自我意识和个性打交道,了解并影响他人和团队,都适用同样的法则。

正如这些法则从战场上的战术角度很难掌握一样,在非战斗性领导力中也难以掌握。但是,领导者更多地运用这些作战法则,从更多的角度去思考这些法则,就能更好地理解并贯彻承担一切和领导力平衡的法则和原则。

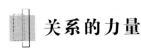
关系的力量

领导一个杰出的团队还需要一个关键要素：关系。领导力需要以关系为基础。与上级、下级和同级都保持良好关系，对于打造一个强大的团队至关重要。关系越好，沟通就越开放和有效。交流越多，团队就会越强大。

例如，有时候上司没有在理想的道路上前进，需要重新定向。如果你与上司关系很好，就可以巧妙地解释你认为他们的想法和观点哪些地方有错误。同样，讨论问题的方式也很重要。你要承担起这个想法不可行的责任。例如："老板，我真的很想尽全力支持这个计划，但是我遇到些困难，不知道应该如何执行计划的这个部分。你能解释一下为什么要这样做吗？这样我可以把它做对。"现在，对话就变成了开放式的，你可以弄清楚上司的想法，以及你能够做些什么来影响他的想法。

但是，在这之前，先问自己几个简单的问题。首先，通过接近上司并试图说服他们改变计划会获得多少收益？如果与维持原计划没多大差异，就不值得在这上面花费时间或精力。接下来，问问自己，你所关心的问题中有多少是出于自我意识。你可能会认为自己做事的方式比上司"更精明"或者"更高效"。如果你并不真的认为自己的方法会获得更多收益，那就随它去吧，不要因为你的自我意识而制造戏剧性。最后，问问自己，提出这个问题以后，你与你上司之间的关系是更进一步还是会往后退一步？这一点很重要，因为你要不断尝试建立这种关系。建立关系不是要赢得上司的青睐，而是让上司信任你，而且愿意倾听你的意见，这样你和团队才能更加高效地完成任务。出于上述原因，请谨慎选择是否开口。

很明显，与上级建立可信赖的关系很重要。但是，你应该怎么做呢？有一个简单的方法是显而易见的，但通常会被忽略：绩效。上司希望你完成某些任务，你就按时在预算范围内完成，尽量少搞花样。这包括去做一些你可能不是100％认同的事情。我在整个职业生涯中都是这么做的，而且这样做对我一直很有帮助。上司要我做一些额外的文书工作？我照办。上司要我替团队中的其他人代班？我照办。上司需要有人出面处理混乱的局面？我去办。上司有一个糟糕的、回报很低的任务要执行？我统统都去做。

对于上面这些问题，我都是使用同一个解决方案。随着我解决掉一个个问题，上司逐步提高了对我的信任。我会继续这样做，不会抱怨，也不会把一些糟糕的工作扔给别人，甚至不会寻求表扬，我只会埋头工作。久而久之，我的上司知道我是一个真正做事情的人。更重要的是，我对上司形成了影响力。这与有的下属总是抱怨、反对或总是认为自己有更好的做法相反。他们一张口就失去了对上司的影响力。上司会把下属的异议视为借口。你说的越多，听的人就越少。

当有什么事情需要我做的时候，上司相信我可以做成。上司也知道，如果我真的提出异议，一定是有理有据的，应该认真考虑。因为我能做好事情，而且不经常表达反对意见，所以上司实际上会认真听我说的话。我一直对上级领导采用这种策略，而且效果很好。

但是,从下属的角度来看是怎样的？例如,如果我认为上司的计划存在一些缺陷,那么,我的下属肯定也会有相同的认识。我应该怎么跟他们说呢？如果他们认为我看不到上司的错误,他们还会尊重我吗？答案很简单,对他们说真话。"嘿,我知道可能有一些更好的方法可以解决这个问题,但是在这一点上,我们改变计划要花费的功夫几乎与完成这项工作一样多。所以,我们就这样做吧。我告诉你们,除了完成这项工作我们还要什么——我们要与上司建立信任。我们完成的每一项小任务,都会让他越来越信任我们,让我们的意见能够被听到。所以,如果这件事情真的毫无意义,他会听我们的。这就是为什么我们要尽全力执行这个计划。"

事实就是这样,团队成员应该理解这种观点。当然,这里存在着二分法。如果事情真的毫无意义,那就是时候向上司提出反对意见了。如果你不这样做,团队成员会觉得你不敢说,你是一个好说话的人,是一个对上级唯命是从的领导,从来不敢违抗上级的命令。这对上下级都很不利。所以,不能一直当个应声虫。一个好的上司应该倾听并欢迎下属对自己的计划作出任何反馈或批评。虽然现实情况并非总是如此,但是如果你对上司有影响力,可以与他们谈一下。你可以对他们的想法或计划提出意见,他们会倾听。所以,归根结底,你要拥有一个最强大的工具,那就是与上司保持良好关系。不只是上司,与上下级建立牢固的关系是形成卓越领导力的基石。

 **玩策略**

你必须玩策略。说得具体一点,你必须玩长线策略。没有人愿意听到这个,尤其是从我这里听到。大家都不想听到我说要建立关系。他们希望我说:"你可以用快刀斩乱麻的方式来获得胜利。如果有人妨碍你,就干掉他。任何不符合你期望的局面都可以用战斧来解决!"

那种咄咄逼人、富于进取的态度的确简单明了。通常人们期望从我这里得到这种类型的领导力建议。由于这种态度如此简单直接,会让持有这种态度的人看起来几乎不可能失败。通常,持有这种态度的人也的确不会失败,至少在一开始不会失败。粗暴敌对的态度通常能起到一时的作用。也许你可以一两天、一周,甚至几个月强迫别人做你要他们做的事情。也许你可以通过无情、强势的进攻来促进几个项目的完成。

但是,那种成功只是短暂的。当你破坏了关系,过河拆桥,销毁一切可利用的东西,你很快就会发现自己完蛋了。你为了短期利益破坏了一切,你就什么都没有了。

不要那样做。相反,你必须玩策略。我会尽力支持上司,尽我所能履行职责。我与上司建立信任,建立关系。为什么与上司建立良好关系如此重要?因为这样我就可以升职了?这样我就可以被分配到较容易的任务?不是。我不是为了个人利益而建立关系,我设法与上司建立关系是为了我们团队能够更好地完成任务。

玩策略不仅针对指挥链上的上级，也针对下级。当你是上司，而你的下属反对你说的话时，你要倾听并寻求替代方案。当他们给你一个像样的方案时，你要对他们说"是"并采纳这个替代方案。即使他们的替代方案不像你的方法那样有效，也让他们去做。这样你可以与下级建立信任和关系。要尽可能多地去说"是"。有一天，当下属提出一个不可行的想法时，你可以说"不"，他们不会为此对你感到不满。你只需要解释他们的想法有什么问题，你为什么不这样做，他们就会接受。他们会接受你的指示，不会觉得你不听他们，而且他们会全力以赴地完成任务。

我是一直这样做的，我一直玩策略。我曾经在你能想象的各种类型的领导者手下工作。有些是放任型的领导者，具备令人难以置信的战术能力；有些则是喜欢微观管理的自我主义者，缺乏社交常识；有些是偏执狂，是规避风险的思想家。但是，无论我的上司是哪种类型的领导者，我的目标始终如一：与他们建立良好关系，让他们信任我，为我提供完成工作所需的资源支持，让我摆脱困境，让我完成任务。建立这样的关系绝非易事，需要我做一些不是最优的事情，需要我有时放低自己的自豪感，需要我玩策略。

玩策略并不容易，但它能帮你建立信任和关系，提高团队的凝聚力，让团队更有能力完成任务。不要让你或者团队的自我意识引起混乱，正确把握自己，去玩策略。

有人觉得，如果他们玩策略、迁就上司、被迫认错、总是不考虑自己的计划，就会变得弱势，变成伪善的马屁精。如果这样想就错了。如果你玩策略，你并不是弱势，不是在巴结奉承上司。你是在设法优化一些事情，以便你和团队能够最好地完成任务。你在设法建立关系并获得影响力,以便让事情朝正确的方向发展。你这样做并不是为了个人利益。你不是为了晋升而这样做。你玩策略,是为了团队可以获胜。

但也绝对不要玩策略玩得过度。不要成为一个马屁精,跟上司说他们的所有想法都是完美的。你要专业,要有礼貌,要真正表现出支持上司的态度,这是人们经常忽视的另一个关键点。当我建议你对上司说,"嘿,老板,我想确定自己能完全理解你完成这件事的方式,这样我可以更好地支持你的计划",我不是在建议你把这作为一种建立关系的方式来获得更大的影响力。我建议你这样做是为了让你真正理解上司为什么要以某种方式来完成这件事,目标是让你真正地支持你的上司。一个额外的好处是,你可以通过这种方式与上司建立关系,而且这种关系最终比其他任何事情都更重要。

如果你为上司做一些小事,并不表示你是一个唯命是从的伪君子,你只是在为重要的时刻存储领导力资本。这样做并没有什么不妥,这不会让你变成伪君子,会让你变得聪明。

现在,如果有些事情你不确定要不要做,或者你知道如果去做了会给这个任务和团队带来灾难,你有责任拒绝。但是,这种情况应该极为罕见。所以,你要玩策略并建立关系,除非被要求做一些对你、对团队和对任务有破坏性的事情。

 何时可以抗命

建立关系固然重要,但有时也必须违抗上司的命令。这是不得已的手段。抗命会给团队造成严重破坏，阻碍进度，会危及任务的成功，还可能最终导致任务完全失败和团队彻底瓦解。

但是，如果领导者要求团队做一些违法或有悖于道德的事情，下属有责任拒绝这种命令，这是显而易见的。因为有人命令你就去做某件违法或者不道德的事情是不可原谅的。不道德的行为必须拒绝，没有任何借口可言。如果一个人不知道自己的行为有悖于道德，或者这种行为在某个特定时刻不可避免，那么下属就必须尽快向上级报告，确保没有作出进一步的非法行动。

还有一些作为下属必须违抗领导者的情况。如果领导者带领团队朝着可能导致灾难性失败的方向发展，就需要违抗领导者或者拒绝执行命令。拿破仑说过，如果下级领导执行一项他明知道错的任务，那他就难辞其咎。这是事实。

通常很少有这种明确的情况。同样，即使在这种情况下，抗命或者拒绝遵循上级的指示也是不得已的下策，因为这是最后一招。一旦上司的命令被拒绝，就几乎没有回旋的余地了。幸运的是，在局势升级到这一程度之前，有很多机会可以避免彻底的拒绝或者抗命。

在作最后抵抗之前，下属应当请求上司重述任务的目的，然后评估任务宗旨并向上司解释自己的顾虑所在。也许从上司的高度看不到某些细枝末节，也无法理解计划如何在前线开展。下属有责任将此信息传递给上司，向上司明确说明自己有什么顾虑。

上司可能会解释某些一线领导看不到或不知道的细节，证明自己制订这个计划背后的理由。这是件好事。现在，下属已经了解了大局，以及上司为何选择了这个特定的行动方案，可以向下级团队进行解释了。

还有一种可能是,当下属向上司解释他们的顾虑时,上司看到了他们看不见或不了解的细节。在理想情况下,下属不仅要向上司提出他们的担忧,同时还要提出解决问题的方法,这是另一种能减轻下属忧虑的行动方案。有了这个启示,上司就可以重新评估计划,采用下属的解决方案,或者提出另一种方法来解决问题。

这两种结果都是积极的。下属理解为什么上司的计划有道理并与其达成共识,或者上司根据下属的反馈更改计划。无论哪一种方式,一旦整个命令链中的上下级都了解了计划,上司和下级领导以及团队的其他成员便可以同心协力。

但结果并不总是这样。有时候上司不会改变主意。不管他们是出于自尊心或自豪感,还是因为无法对其他因素作出评估,有时候上司会拒绝改变他们的计划,坚持命令下属继续前进。发生这种情况时,下属必须加倍努力,有技巧性地化解上司的顾虑。从头再来,看看有什么方法既可以有效地执行上司的计划,又不会使任务或者团队陷入危险。也许可以进行一些小的调整,这些调整仍然能支持上司的计划,但同时减轻了下属的顾虑。如果可以有效地做到这一点,下属可以按照指示继续前进,但前提是不会有太大的风险。但是,如果风险仍然是个问题,花一点时间仔细研究并预估出详细的潜在后果,去向上司解释,这样他们才能够充分了解该计划所涉及的风险,然后再对问题给出合乎逻辑、中肯的解释。

要注意,在任何情况下,都不能以无礼的态度向上司提出异议。不能用"这个没有道理"或者"这个计划太荒谬了"或者"我们为什么这样做"来表达自己的担忧。这样说在两个层面上都是错误的。首先,这样表达比较情绪化。当人们发表情绪化的言论时,不会被严肃对待。其次,这样表达冒犯了提出计划的人——上司。在攻击上司的计划的同时,你也在攻击上司本人,这样做很可能导致他们固执己见并更加有抵触情绪。

最好采用间接而婉转的方法。下属最好问一些把过错归咎于自己的问题。尝试用下面这些表达方法,例如,"我想确认自己是否理解您的想法,这样我可以学习自己解决这些问题",或者"因为我不像您那样经验丰富,很难清楚地理解这一点"。这些方法能让上司卸下防备,不会感觉受到攻击。

给上司一条简单的出路也是个好策略。如果你把自己的方案作为唯一选择,你的领导可能会觉得采用别人的计划会削弱他们的领导力。虽然事实并非如此,但很多人却会这么想。所以,在向上司提出自己的想法的时候,要让他觉得这是他自己的计划。你可以提出一个之前简单讨论过的行动方案。有时甚至可以这么说:"我在思考你说的一句话,我觉得我们也许可以……"这样就可以把方案与领导者联系起来,让他们的自尊心得到满足。有很多方法可以做到这一点,至少不要将你的想法与上司的计划相提并论。这么做的话会把上司的自尊心激发出来,还可能对决策产生负面影响。相反,尝试把你的想法转移给上司,使其直接与上司联系起来。大家基本上都喜欢自己的想法多过于别人的想法。

当上司看到团队对他们的计划制订了详细方案时,可能会解释一些细节来减少下属的困惑,或者认识到他们计划的不足之处并进行调整。无论是哪一种结果,整个团队现在都在尽力支持这个计划。

但情况并非总是如此。上司可能会坚持己见,下令按照他的指示执行计划。现在,下属应当从头开始评估这些指令并制订更详细的计划,寻找各种可能的方法来降低风险,更详细地分析结果,然后针对上司的计划制订更好的方案。在完成这些工作之后,再找上司提出调查结果。

现在,随着这些更加详细且有据可查的问题的提出,显示出即使团队实施了某些缓解风险的措施,仍然会出现一些不良结果,希望上司能够改变主意。只要下属以不惹人反感的方式提出问题来,当上司看到任务失败的可能性很大,他或许就会决定采用另一种方法,这样的结果就很好。

但是,这也并不总是可行。有时候上司会坚持不改变主意。是时候抗命了吗?是时候划清界限了吗?你可以告诉上司:"绝对不行。我不会按照你的方式去做。"现在可能是时候这么说了。但也可能不是,还需要对很多变量进行评估。

首先,让我们观察存在什么风险。也许只是一点点效率损失。如果真是这样,就不值得去争取。即便是损失更多一点的实质性效率,也没什么大不了的。如果真是那样,也不值得去争取。

但是,也许还有更重大的风险。可能值得从头再来,试着确切地解释是什么风险,以及它将对任务产生什么负面影响。下属要权衡该计划所涉及的风险以及对最终结果的影响。最终,如果下属确信该计划可能导致的结果完全不能接受,知道服从上司并按其指示执行计划将会对团队和任务产生灾难性影响,就直截了当地说出来。

即使那样,下属也必须仔细考虑,拒绝遵守命令是不是最好

的方法。当下属拒绝遵守命令时,可能会出现以下结果:

1. 领导者意识到下属非常担心这个计划可能导致的后果,担心该结果危及他们的职业生涯,如果冒险执行计划,他们可能会因此受到惩罚,因为这个计划实在太糟糕了。这是最好的结果。领导者由于下属拒绝执行自己的计划而警醒,重新考虑了方案并决定换一种方式去执行。现在,下属应该重新加入团队,支持这个新计划,并帮助团队执行。

2. 领导者更加固执己见,不愿改变计划。由于下属拒绝参与,领导者解雇了这位下属,又重新招募了一位下属,并要求他无条件服从上司的指示。对于上司来说,问题已经解决了,但是理性的声音被上司的应声虫所取代,团队苦不堪言。这就是上司的计划,任何人都没有选择或控制权。这种情况很可怕。为了避免这种情况,请考虑以下事实:上司拒绝听取有关这个计划的建议,所以他可能自尊心很强,还可能会安置一个应声虫,这样可以毫无阻力地执行他的计划。如果结果是这样,那么必须仔细权衡。

3. 如果下属划清界限,拒绝执行这个计划,或者干脆辞职以示抗议,他们对上司的一切影响就会立即消除。因此,尽管下属作出了非常响亮而清晰的声明,但是一旦作出了声明,他们就出局了,再也不能进一步影响结果。

4. 如果下属尝试一切可能的方法让上司相信这个计划是错误的,但是看不到上司改变主意,那么对于下属来说更好的选择是最后再提出顾虑,然后继续领导团队尽全力执行计划。这样,下级领导至少可以尽最大努力来减少这个糟糕的计划带来的负面影响,记录下有害的结果,以便可以向上司解释清楚,同时继续与上司建立良好关系,说服上司还有更好的执行方法。正如拿破仑所说,这一行动的内在风险在于,下级总要对结果负责。

无论选择哪种行动方案来违抗上司,都必须非常谨慎地考虑清楚,因为有些行动会对团队、任务和下级领导造成灾难性的后果。请三思而后行!

 生而知之还是学而知之

领导者是天生的还是后天培养出来的?这是一个古老的问题。答案是两者兼而有之。

让我们从每个人出生的时候开始看。显然,每个人天生在不同领域有不同的优势和不足。身体属性很明显,有人长得高,有人长得矮,有人天生比较强壮,有人比较弱小,有人天生有爆发力强的快肌,而有人则有耐力好的慢肌。体育锻炼当然可以提高人的身体素质。负重锻炼能让人变得强壮,跑步可以提高人的耐力,拉伸可以提高人的柔韧性。但是,人受到自己基因的限制,这些特征及其局限性很清晰地体现在运动和体育比赛中。我们可以尝试发挥我们的基因潜能,甚至可以稍微超越它,但是最终我们还是被基因束缚。

人们天生具有不同的认知能力。当然,通过培训,他们可以最大限度地提高智力,但仍然有限度。再多的学习也无法使一个智力普通的人变成爱因斯坦。但是,学习、研究和演练可以提高一个人的思考能力。一个人书看的越多,就越容易更好地将世界上的事物关联起来。一个人语言学习的越多,词汇量就越大。一个人提问题、找答案、训练思考能力越多,他们的实际思考能力也就越强。所以,就像可以提高自己的身体素质一样,一个人也可以提高自己的智力,一直达到基因的极限。

领导力特质也是如此。人与生俱来具有一些对领导力有益的特质。

口齿清楚是其中之一。一个人越能够简单清晰地交流思想,他就越可能成为一个更有效的领导者。有些人天生健谈。

分析复杂问题并将其分解为简单、易于理解的概念也是一种天生的能力,这对于领导者来说是一项很好的技能。当领导者必须攻克某些困难任务时,能够以简单的术语来解释这项任务至关重要,这样领导者不仅可以向团队传达这项任务的情况,还可以从各种复杂问题中理出一个简单的解决方案。

领导者越有信心和魅力,就越可能成为一个优秀的领导者。魅力虽然难以量化,但却是人拥有的一种可识别的特征,而且每个人的魅力度有所不同。有的人自然磁性很大,能够吸引一大批人;有些人却很难获得别人对他们的一点点关注。

即使像大声说话这样的特质,也是一种很好的领导力特质。如果你要领导别人,大家就要听得到你的声音。如果你的声音不响亮,团队成员就无法听到你的号令,无法执行命令。

识人的能力也非常重要,但这并不是每个人生来就拥有的能力。实际上,有些人在与他人互动方面表现得很糟糕。他们在社交方面很迟钝,觉察不到别人的情绪和反应。

所有的领导者都有优缺点。幸运的是,这些缺点都可以改善。怎样改善呢?

首先,领导者可以把口齿训练得更加清晰。他们可以练习口语,扩大词汇量,通过阅读和写作来练习并提高阐明和沟通思想的能力。久而久之，他们的口齿就会变得更加清晰。

领导者还可以学习如何更好地简化事情。通过超脱和更加抽象地去思考问题，简化目标，随着时间和实践不断调整优先级或者删除不重要的问题，领导者将会提高他们的判断能力，提出更简单的解决方案。

对于领导者来说，魅力可能很难改善，但是通过努力肯定可以取得一些进步。领导者要注意他们的言行举止。随着经验的累积，他们也会获得更多的信心，这有助于提升自己的魅力。领导者还可以专注于一些技巧，比如与人交谈时注视对方，专心倾听他人交谈，以谦卑的姿态清晰地表达意见等等。领导者还要确保他们说话的声音足够响亮，大家都能够听得到。这些小细节都有助于提升个人魅力。

为了提高识人能力，领导者可以更多地关注肢体语言、面部表情和语调。对这些细节加以注意之后，就可以了解一个人的行为基准。确定这个人何时偏离了基准，有助于了解这个人的感受或情绪。

所以，领导者可以通过多种方法来提高自己的领导才能。但是，在任何领域，想要从低水平提升至卓越水平都是不现实的，就像让一名马拉松世界冠军成为奥运举重冠军一样不现实。因为你没有那种基因。

那么，如果领导者缺乏必需的天生特质，怎样才能变得出色呢？答案很简单，一名优秀的领导者会打造一支出色的团队来弥补他们的弱点。

我在为海豹突击队进行战术训练时看到了这种情况。有一名负责两个海豹突击队作战排的作战小组指挥官，他很聪明，在战术上也很机灵,下属都很尊重他,但是他的声音却小得像老鼠一样。虽然对于领导者来说要控制好自己说话的音量,但是对于作战领导来说,让自己的声音能够被听到才是最重要的。原因很简单:在机枪战斗中,噪声非常大,但是指挥官仍然要以雷鸣般响亮的声音来作出指示,这样团队成员才能听到指令并传递下去。

不幸的是,这超出了这位海豹突击队军官的能力。我直接建议他:"你的人听不到你说什么,你要大声一点。"

"我不确定自己行不行。"他告诉我。

"好吧,你最好能行,因为你的声音太小,这让你成了一个无效的领导者。"我直言不讳地让他纠正这一问题。

在下一次训练中,我看着他,听他发号施令,但还是没有任何改善。他的团队落后了,因为下属们听不见他的号令。

完成这个训练任务之后,我与这位军官又进行了一次谈话。可是在下一次任务期间,情况仍然没有任何改善。

我开始怀疑这个人是否真的能成为一个有效的海豹突击队领导,而且我的怀疑趋于否定。我天生拥有一副响亮的嗓音,这种嗓音在我作为海豹突击队领导时非常有用。我回想起那时我的声音能够穿过枪声和爆炸声,被士兵们听到。这是一项很重要的能力。你可能认为使用含高科技降噪耳机的无线电可以解决这个问题,但事实并非如此。在枪战的混乱中,人们常常听不到无线电的声音,即便听到了,也不会一直专注于这个声音。命令很容易在混乱中丢失。

但是,口头命令不一样。每个海豹突击队队员从海豹突击队基础训练的第一天开始都在接受这种训练,在他们听到号令时会停止射击,看向大声喊叫的人重复号令,然后转过头把号令传递给旁边的人,再等待他们回喊,确保他们听明白了。如果通过无线电传递命令就不会这样。这就是为什么在无线电上经常丢失命令和指令。

我真的开始质疑这位安静的海豹突击队军官是否有领导潜力,并与他进一步探讨:"嘿,我知道你了解战术,很擅长作计划,也看到你作出了明智的战术决策。但是,如果你的士兵们听不见你说什么,这些都没有意义。你要大声一点,现在就要大声一点,否则你将无法完成任务。"

他听完我的话后感到难过,但是并不生气。我认为他确实意识到了自己的短处,以及对整个作战小组产生的严重影响。

不久后,我们进行了下一次训练。同样,我一直注视着这位安静的、年轻的作战小组指挥官。随着任务的开展,混乱和喧闹也随之而来。自动武器正在通过弹药带发射数千发空弹,模拟大炮、手榴弹发出呜呜的爆炸声,基本听不到人说话的声音。但是,这时候需要指挥官发指令。团队要进入并清理一幢建筑物并确认安全,这是我们称之为"占领据点"的一种演习。

我盯着这位作战小组指挥官。他看起来很清楚应该做什么,但是他能够大声喊出来让所有人都听见,然后执行他的命令吗?正当我开始感到疑惑时,我看见他对一位叫比尔的下属说:"告诉所有人,占领那栋建筑物并确认安全!"

我立刻看到了这位作战小组指挥官的光芒。比尔是整个作战小组中嗓门最响亮的大嘴巴,一听到上司的命令,他便大声喊道:"好的!所有人,占领那栋建筑物并确认安全!"

就像之前受过的训练一样,大家听到号令之后,就把这个号令传给了旁边的海豹突击队队员,然后再一个个传递下去。很快,作战小组的所有成员不仅听到了指令,而且已经在执行指令了。他们很快拿下了这栋建筑物并确认了安全。一切看起来太棒了。事实证明,口头命令是可行的。但这也证明我之前想错了。

这位海豹突击队军官绝对有能力在战斗中领导别人。他只需要弄清楚如何利用团队中的人来弥补自己的弱点。

优秀的领导者就是这样做的,找人加入团队来弥补他们的不足。这样做甚至可以克服任何领导特质方面的缺陷。使用这种方法,再加上努力尝试改善弱点,用不了多久,任何人都可以大幅度提升自己的领导能力。

好吧,我应该说"几乎任何人"。因为有一类人永远无法成为一名优秀的领导者:一个缺乏谦卑感的人。缺乏谦卑感的人之所以无法提升领导力,是因为他们不承认自己的弱点。他们不会努力去改善自己的弱点,也不会找人加入团队来弥补他们的不足。请当心,这种人永远不会进步。

而其他人都能变得更好。因此,尽管你无法将一名糟糕的领导者变成一名优秀的领导者,但无论他们天生是怎样的,你都可以让一名糟糕的领导者成为一名更好的领导者,把一名好的领导者变成一名出色的领导者。

 领导与操控

领导与操控两者息息相关,但是一个被认为是不好的,而另一个被认为是好的。它们密切相关,因为它们都在尝试做同一件事：领导和操控的目的都是让人们去做你想要他们做的事情。领导和操控的最高境界是让人们去做你想要他们做的事情，而他们自己也想要去做。

领导者和操控者使用的很多技巧也一样。他们建立关系，利用自己的影响力，通过政治手段来实现自己想要的结果。领导者和操控者都会利用别人的自我意识、个人打算以及长处和短处来实现他们想要的结果。

但是，尽管领导者和操控者之间有许多相似之处，但是有一个明显的区别：操控者是让人们去做有利于操控者的事情，而领导者是让人们去做有利于团队和他们自己的事情。这种差异很明显。操控者想要获得晋升或者为自己谋取更好的职位，想给上司留下好印象。操控者的每一个行动都有优先重点，那就是他们自己。

但是，领导者把自己放在优先事项列表的最后面。一位真正的领导者关心任务和团队的利益胜过关心他们自己。

这两种态度最终都会展现出来。操控者有时可能会骗到某些人，但不会一直骗到所有人。真正的领导者亦是如此，他们可能不会一直得到应有的功劳，因为他们会将功劳分给团队的其他成员，但久而久之，他们的领导力将得到绝对的认可、尊重，也可能得到提拔。

这并不意味着领导者总是能在当下战胜操控者。有时，操控者会打出一手好牌，引起别人的注意，最终获胜。但是，这种胜利是短暂的。为了自己牺牲别人，从长远来说实现不了最终目标，因为人们最终会注意到一个事实，那就是你没有着眼于团队的利益，而是打着自己的小算盘。当人们注意到这一点时，就不会长时间地跟随你。

同样的事情也会发生在一个优秀的领导者身上,他们的真正目标最终得以实现。当一位优秀的领导者作出牺牲,把其他人和使命置于自己之上,最终将得到认可,人们会希望跟随这位领导者。优秀的领导者以正确的理由做正确的事情,他们努力工作,支持团队并领导大家有条不紊地执行任务。从长远来看,一位真正优秀领导者的声誉远胜于追求名利的操控者,最终,关注任务和团队的优秀领导者将赢得胜利。

 ## 放弃自负

在我们的"先头梯队"领导力咨询公司,我和合伙人立夫开始与一家发展迅速而且很赚钱的公司合作。他们认识到要对基层领导进行培训,让他们站出来承担更多的责任,从而加快公司的发展。

我们首次拜访是去做一项评估。立夫和我对各级领导进行访谈,进一步了解他们的业务,并开始制订基层领导的培训计划。

第一天,我们会见了公司的高管们。他们给我留下了深刻的印象。首席运营官既聪明又有能力。首席财务官精打细算,注重细节。首席技术官、人力资源负责人和其他高管们都很可靠。

然后,我会见了首席执行官。我提前做了功课,从理论上讲,他似乎是最好的。他在读大学时是美国大学体育总会的运动员,后来又去常春藤大学攻读工商管理硕士,而且他还很年轻,大约30岁,但已经在经营一家市值一亿美元的公司。

他的体型也令人印象很深,身高至少6英尺5英寸,体重至少250磅,肌肉很结实。

不仅块头大,和他一握手,我就感觉到他相当自负。他的脸上写着:"我比你强!"我感觉到他像个十几岁的男孩,故意挺起胸膛表现出强硬的样子。

当他轻蔑地看着我时,我立即感到紧张——他的神态近乎沾沾自喜。

这没什么大不了的。我看着他的时候在想:在军队和企业里,我与很多自负的人打过交道。

但是,我很快意识到,这个案例将特别具有挑战性。他说的每一句话都是傲慢自大的。我说的每一句话都被报以"这我早就知道"那种自豪的表情。我以为他会逐渐接受我的一些想法,但他没有。他每说出一个词,他的自负和高傲就像一根棒球棍一样击中了我。

第一天,我们结束了对高管们的访谈。第二天,我们会见了一些中层管理人员和一线领导。与他们谈话时,我们针对这位首席执行官进行了闲谈,想看一下他们对他这种过分自豪的态度有什么看法。可是他们对他没有任何微词,实际上,大多数人都说喜欢并尊重他。我觉得他骗到了所有人。

我们结束访谈后离开了公司,开始制订下一步计划。首席执行官的态度与团队对他的评价有如此大的差异,我觉得可能是因为我和他见面那天他恰巧心情不好。也许是某种原因让他有失常态,可能因为错过了最后期限或者有个项目失败了,他把愤怒掺杂在对我的态度中。我觉得一定是这个原因。我一向自觉能够与任何人相处得很好,而且我不明白他有什么正当理由以这种傲慢的态度来对待我。我想，等我们下次去的时候，他不会再傲慢无礼，他会尊重我的。

我又错了。当我们给这家公司进行领导力培训时，其他高管们都表现很好，他们很高兴见到我们，而且很兴奋地开始接受培训。

只有他是个例外。甚至在我们握手的时候，我就能感受到他的自负和傲慢。这个家伙到底怎么回事？我很想知道。当我开始第一堂培训时，他的态度没有任何改观。在我解释领导力原则时，他虽然在听，但与此同时，他显得不太感兴趣。他看着手机，和几个人小声交谈，甚至起身走开了几分钟，似乎他所做的任何事情都比我教的领导力课程更加重要。我完成第一讲，立夫开始第二讲。我坐在那里观察这个自以为是的混蛋，想知道他为什么会这样，为什么看不到他有一丝振奋。我想弄清楚应该如何处理他这个麻烦。他为什么这么自负？他为什么看不到自己的傲慢？

然后我开始进行更深入的思考。为什么他的高管们似乎没有被他的自负困扰？为什么他的一线领导看不到他的那种自负和傲慢？

等等，让我想想。这会是我的问题吗？

这个问题像闪电一般击中了我。是我的自我意识导致了这个问题吗？可能是我脆弱的自尊心受到这种人设的威胁了吗？他不仅在体格、力量和运动能力上都有天赋，还是一个非常聪明、勇敢的领导者，而且才32岁就经营一家市值一亿美元的公司。可能是我的自尊心受到这些因素的影响，所以我才表现得像白痴一样？

当然，现在我知道发生了什么，很明显是我们两个人强大的自尊心相互碰撞并引起了摩擦。

在下一个课休期间,我走近他说:"嘿,我们出去聊聊好吗?"

他朝我假笑了一声,然后冷冷说道:"当然可以……你是要给我一些指导吗?"他在说"指导"一词时充满了鄙视的语气。

我昂首向教室外面走去。他跟在我后面。我们走到走廊上,以免被团队其他人听到我们的谈话。我停下来,转身看着他的脸,他看起来就像我叫他出来打架一样。

"嗯?"他终于开口了。

我微笑着说:"嗯,我只是想就目前为止看到的情况给你一个快速的评价。你的领导者们都很可靠。公司员工士气高昂,他们真的很了解公司的使命。"他的脸色稍微有些变化,似乎消除了一些怒气。这与他期望听到的不一样。

"但是,到目前为止,我在这里看到的印象最深刻的,"我继续说道,"是你。你很聪明,很有影响力。这里每个人都了解你的愿景。很明显,我在这家公司看到的一切都反映了你出色的领导力。这并不奇怪。你在大学里打过球,接受过长青藤的教育,而且你身材管理得很好,还创立了这么一个强大的公司。一切都很棒。我对你、你做的事情以及你将要做的事情,只有尊敬。"

当我说完最后一句话时,他的脸色完全变了,傲慢消失了,取而代之的是一张谦卑还有点害羞的面孔。

"不!"他脱口而出,"我只是个商人。你才是值得尊敬的人!你在海豹突击队度过了自己的一生!你的军衔不断晋升!你带领士兵在极端艰苦的环境中战斗,这才是值得尊敬的!"

随着我们两个人自我意识之间的紧张关系消失,我们都笑了。我们的关系在几秒钟内反转了180度。我们回到教室,他全身心地投入了我在讲的有关业务、领导力和生活的一切。他甚至开始借鉴自己的经历来支持我所倡导的原则。

问题解决了。我是怎么做到的？很简单。一旦我能够超脱并意识到这是一种自我意识的冲突，我要做的就是让自己保持谦卑。我放弃自负来消除紧张气氛，问题一下子就迎刃而解了。

自负意识就像反弹装甲，你越用力推动它，它反弹得越厉害。如果我直接指出首席执行官的态度问题，告诉他他太自负了，只会让他更加固执己见。所以，我做了相反的事情。我通过放弃自己的自负来解除他的自负。

你可能会担心，如果你放低了自我意识，尊严就会被践踏。但通常不会发生这样的情况，因为放低自我意识实际上是自信的终极形式，会赢得尊重。因此，尽管最初可能认为或感觉你退缩了，但实际上你显示出了自己的能力和信心，给了对方信任，他们会有意无意地认识并尊重这种信任。

这就是事实。你必须有非常强大的信心才能控制好自我意识，放低自我意识。如果你发现自己无法控制自我意识，担心这会使自己看起来软弱，你猜怎么着？你真的太弱了。不要软弱。

放低你的自尊心，建立关系，并赢得长久的胜利。

 领导者要说真话

真诚和真实也许是最重要的领导力素质。对下属说真话，对上司说真话，对同级说真话，当然，还要对自己说真话。

这并非易事。另外，说真话并不会赋予领导者、下属或同级一种去当混蛋或者攻击他人的权利。说真话要讲究技巧和敏锐的态度。

当然,有些真话很容易说出口:"我们快要赢了!""你做得很棒。""我们的竞争对手完全没有机会。"谁不想说这种真话呢?

但是,有些真话很难说出口:"我们要输了。""你的表现不合格。""敌人已经包围了我们。"这些真话说起来和听起来一样痛苦。这就是为什么有这么多的人,尤其是领导者,不能说出事实真相。

但是,领导者必须说真话。

为此,领导者必须首先了解下属并经常与他们沟通。这样,如果领导者有坏消息要告诉团队成员时,就不会是第一次与他们讲话。传达坏消息不应该是领导者在过去四个月中与一线人员进行的第一次对话。当然不能这样。领导者应该与下属建立并保持良好的关系,这样下属能够认识和了解领导者,而领导者也能够认识和了解下属。与下属沟通得越多,即使沟通的内容是负面的,与他们沟通起来也越容易。此外,当彼此的关系比较牢固时,下属也能够说真话,把坏消息告诉上级。

如果你们经常交流,我指的是各种形式的交流,包括会议、电话、电子邮件、文字、视频和任何可用的方法,那么坏消息听起来就不会那么刺耳了。例如,假设一家公司一个月失去了5%的市场份额,而首席执行官却没有告诉任何人这个消息,他希望员工们能追回市场份额。如果他们确实追回了市场份额,那么一切都很好。但是,如果他们又失去了5%的市场份额,现在总共失去了10%的市场份额,那就很难解释了。确实太难了,实际上有些上司可能都不想讲出真实情况来。相反,他们祈求好运,希望下个月能够恢复业绩。同样,如果公司恢复了市场份额并保持良好的发展势头,那么一切都会好起来。但是,如果没有,首席执行官又再等三个月或六个月甚至一年,最后失去了50%的市场份额。然后呢?现在说真话更加困难了,因为事实是,公司已经失去了50%的市场份额,必须削减营销、培训和人员成本才能生存下去,情况非常不妙。

但是,如果首席执行官早一些说出真相,以积极的态度说出真相,那么情况可能会大不相同。如果他告诉员工市场份额下降了5%,员工会意识到他们需要加倍努力。一线人员和领导者都会加倍努力,把市场份额追回来。他们原本可以追回市场份额,让公司重新走上成功之路。但是,如果不能及早说出真相,就不可能做到。

最重要的是,即使未被告知真相,员工自己也能发现真相。他们会看到业绩数字在下滑。会计人员会告诉运营或销售人员销售收入在下降。这一点点真实情况填补了一线人员的信息空白,变成了流言。流言会不断加剧,最终成为厄运的自证预言。这时候会产生八卦和从众思维。如果一线员工不知道有些事情为什么会发生,他们会用自己认为的原因去解释,而他们想出的原因可能比实际情况更加糟糕。除非这是一个大灾难,否则上司为什么要掩盖真相?

你如何应对这种恶性循环?用讲真话来消除谣言。

如果领导者不告诉团队成员真实情况,最糟糕的结果是他们不再信任领导者。他们不会再相信领导者说的话,不再相信领导者的计划和愿景。如果团队成员不相信领导者的话、计划或者愿景,团队和领导者就会失败。

尽管如此,在很多情况下人们还是不说真话。有时他们觉得有正当的理由不说真话。在军队里,也许某些信息是被分级或者分类的。在民间,分享某些信息有时是不合法的。

当发生这种情况时,答案很简单:说真话。不是要说出被专门的法律禁止透露的事实,而是告诉大家不能说出真相的原因。

"很抱歉,但这是机密信息,不允许在此讨论。"

或者,"听着,我很想与你们分享这些信息,但是出于法律原因,现在无法公开。"

领导者还必须在犯错的时候说真话,这是承担责任所必需的。犯错误的人必须说清楚发生了什么、出了什么问题、犯了什么错误以及如何解决。

但是,说真话并不意味着领导者可以用真相作为借口,去过度地批判或攻击别人。与团队成员建立良好关系最容易缓解这种情况。你知道他们是谁,知道他们拥护什么,知道什么能驱动他们。如果领导者不了解这些,就无法与团队成员进行有效的沟通,尤其是在传达批评意见或残酷事实的时候。

如果你有一个残酷事实要传达给团队,那么最好的办法就是告诉他们。当然,你要说明前因后果,但不要找任何借口或隐瞒任何事情。要说真话并解释原因。要解雇一些人?解释为什么这对于团队的利益是必要的。要增加工作时间,但没人愿意这样?解释这样做的重要性。然后带头做,尤其是在情况不好时,你第一个减薪,你第一个加班。作为一名领导者,你要去做最难做的事情,不要把它留给员工。

与个人交流时也是如此。遇到棘手的问题不要拖着,拖着只会让它变得更难。无论是对下属、上级、同事还是客户,棘手的问题拖着不解决不会让它变得简单,去攻克它。

但是请记住,即使以个人批评的形式去说出难以接受的事实,也不能以真相为借口运用糟糕的技巧。实际上,越是难以接受的事实越需要技巧。如果你与下属关系很好,即使是难以接受的事实,你们的对话也会很自然。

一种常用的讨论技巧是将负面批评夹在两个正面肯定之间。"你的团队已经连续三个月完成了指标,这真是太好了。但是你们的员工流失率太高,你们走了太多员工。不过他们在这里的表现很好,就抵消了。"

这种技巧是尝试与你的直接下属建立实际关系的一条捷径。你不能为了负面批评去刻意创造一些肯定的表扬。如果领导者与下属的关系很好,就没必要这样做。

话虽这么说,与下属建立良好关系并不意味着可以严厉地批评下属,那样行不通。不管批评来自谁,绝大多数人都不喜欢被批评,所以大多数批评最好间接地提出,以最少的负面影响来获得期望的改变。

学习

领导者永远都不够好。领导者必须不断提高和学习,因为在任何领导工作中,总是会出现新的和意料之外的挑战。当一个人继续做领导,被领导的人数会增加,项目的数量和范围也会倍增,任务对整体战略的影响也在扩大。

在某个职业中担任领导,其本身就是一种职业。担任领导者成为你的生活。做人力所及的所有事情,了解这个职业的一切,在这个职业中当一名领导者。每天都要努力学习,成为一个更好的领导者。

学习如何领导有很多要素。一个最重要的方法就是尝试透过领导的角度去看待一切。只要有人的地方就有领导力,要注意这一点。去观察哪些领导力是有效的,哪些是无效的。注意领导者使用的领导力技术哪些是成功的,哪些是失败的。例如,他们如何交谈,他们使用的语言以及进行的互动。思考你会如何应用这些领导力技术。

另外,要学习关注小事情。我们经常会忽略细小的变化,然后想知道为什么事情会发展成那样。请注意,小事情也很重要;虽然它们看上去没那么重要,但实际上很重要。

想一下领导力的基本原则,套用在你看到的所有事情上,来拓展你的思维,掩护下移动、保持简单、确定优先级再执行、权力下放、承担一切、领导力平衡。如果你寻找这些原则,就会看到它们。如果看到它们,就能更好地理解它们。你理解得越透彻,就越能更好地实施它们。你实施得越好,就越能够找到它们。这个循环将永远持续下去。

这一切的前提是要保持谦卑的态度。如果领导者认为自己在领导技能上已经登峰造极,那么他们前进的方向就错了,他们的技能会出现停滞。最糟糕的是,他们无意间会表现出令人讨厌的傲慢自大。不要让这种情况发生。要保持谦卑的态度,而且要终身学习。

核心原则

 核心原则

领导者必须了解下属的工作、技能和使用的设备。这并不是说领导者需要在所有方面都成为专家,那也是不可能的事情。作战排的指挥官不如狙击手那么擅长射击,不可能像通信兵那样了解各种无线电,更不会像侦察兵那样了解往返目标路线的细节。在建筑工地上,工头操作设备的效率无法与那些整天操作设备的工人相比,他也无法像泥瓦工一样砌墙或者像炼铁工人一样绑扎钢筋。在制造业中,工厂经理可能不会操作每台机器或者处理生产线上的每项任务。但是,领导者至少要熟悉下属在做什么。

如果领导者不知道或者不了解完成任务所需的技能或工作该怎么办?答案很简单:问。这就对了,去问,不只是寻求解释,而是去学习,去动手做。拿起狙击手的武器去瞄准,去给无线电编程,去砌砖,去操作设备。你要去熟悉这些工作,然后动手实际操作。

不幸的是,大多数人都不愿意尝试,因为他们害怕自己看起来很蠢。他们觉得下属会不再尊重他们。但事实恰恰相反。在这里,自尊心又一次成为成功路上的绊脚石。一些领导者认为寻求帮助是一种弱势的表现,事实却并非如此。实际上,下属会更加尊重尝试学习和执行任务的领导者。下属不会尊重那些表现得什么都懂的领导者。这是我的经验之谈。当我还是一名初级海豹突击队队员时,有一位上司给我留下了深刻印象,他经常过来与我们交流,对我们在前线所做的事情表现出浓厚兴趣。如果领导者问一些问题,表现出想真正了解我的看法,我会对他印象更加深刻。如果领导者亲身尝试做我在做的事情,比如给无线电编程,用先进的武器系统射击或者制作炸药包,我会非常感动。

如果你有什么事情需要别人帮助,尽管寻求帮助。下属知道他们的领导者可能并不了解所有情况。控制好你的自尊心,去寻求帮助。这样你会做得更好,而且会赢得团队的尊重。下沉到一线去学习技能也能体现出你的谦卑,证明你没有高高在上地看着前线人员做事,你知道他们工作很艰辛。

但是请记住,虽然领导者不需要执行一线任务,但这并不能成为无知或者准备不足的借口。当你来到一线,至少要熟悉一线的工作。查看操作手册,了解他们使用的设备。研究一下你能做些什么,这样就不会看起来毫无头绪。这适用于各个级别的领导者。领导者不需要确切知道如何操作一个齿轮或者设备,但是如果连它是什么或者它是用来做什么的都不知道,就不可原谅了。完全不了解一线发生的事情会让你显得与团队脱节,下属将对你失去尊重。如果发生这种情况,而你又措手不及,那就先走开,投入进去,尽可能地学习,然后再回来领导。

你遭遇失败后回去学习了一次,掌握了一些技能,并不意味着事情就结束了。你要一直回去再学习更多,不断地学习,不断地进步。我告诉一家设备制造商的首席执行官,他应该至少每个月一次从头到尾地制造一个产品,这样他可以一直熟悉工艺,了解一线工人亲历的挑战。这也意味着,如果有人想糊弄他,他能马上知道,把他们揪出来。这是非常有价值的。

最后,当你与一线人员共事时,你才能真正了解他们,你们才能建立关系。当你与一线人员建立了关系,他们才会真正告诉你自己在做什么事情。他们会传递给你信息,告诉你什么有用,什么没用。这些信息非常有用。当然,你不能把所有时间都花在一线员工身上,必须作出平衡。

但是,你要确保花了足够的时间与他们在一起,而且知道他们在做什么事情。下沉到一线,向一线人员学习,认识和了解他们在任务中的角色,作为一名领导者、一个人,去赢得他们的尊重。

 ## 建立信任和关系

上下级之间的关系是一个团队的基础。如果两个人互相信任,他们就有了关系;如果没有信任,就没有关系。因此,关系建立在信任的基础上。团队建立在关系的基础上。如果人与人之间没有关系,就没有团队,只是随机组成的一群人。

我们需要建立关系来形成团队,我们需要建立信任来建立关系。所以问题来了：我们如何才能建立信任、建立关系，并最终建立我们的团队？

建立信任并由此建立关系，一个最重要的部分是诚实（参见"领导者要说真话"一节）。但是，虽然说真话是建立信任的基石，但还有其他工具可以帮助建立信任。下面是与上下级建立信任的一些战略性方法。

◼ 与下级

要与下级建立信任和关系，你必须给予下属信任。也就是说，如果我希望我的下属信任我，那我就先信任他们。例如，我会允许并信任他们执行一项任务。我会允许并信任他们作出决策。我会允许并信任他们不在我的监督之下解决问题。

当然，当我允许我的下属执行任务、作决策或解决问题时，一定存在风险。风险就是他们可能会作出错误的决策，无法解决问题或完成任务。这就是为什么我作为一名领导者，要开始一步一步地与下属建立信任。我让下属执行的第一个任务不会是对战略有影响的重大真实作战行动；相反，会是一次简单的训练行动，除了自尊心和自豪感之外，没有什么会受到影响。我不会让他们去作一旦发错指令会产生重大负面影响的决策；相反，我会为下属选择即使决策错误也不会造成很大麻烦的决策。让下属解决问题也是一样。我不会抛给他们一旦解决不了会导致更大灾难的问题；相反，我会给他们即使找不到解决方案也容易解决的问题。

在每一种情况下，如果下属成功了，我对他们的信任就会增加。同时，由于我给了下属作决策的机会，他们对我的信任也会增加。他们会相信我给了他们很好的指引，相信我给他们独立工作的空间，没有对他们进行微观管理，会让他们自己思考和解决问题。当下属成功地完成了任务，我又会寻找一个更重要的任务让他们来执行，作更重要的决策，解决更重要的问题。这个过程不断地重复，一点一点逐步增进了我们之间的信任。

如果下属没有完成任务，未能作出正确的决策或者解决问题，我不会对他们施加惩罚，不会谴责或者贬低他们。相反，我会把他们的错误作为教授他们、指导他们和辅导他们的机会。如果我觉得他们理解了，会分给他们另一个任务、决策或问题去处理。也许这次我会给他们更多的指导和监督，确保他们做得更好。一旦他们取得了成功，我会按照上述相同的步骤，逐渐提高任务、决策或问题的重要性和复杂性，继续增进我们之间的信任。

随着时间推移，任务、决策和问题变得更加困难，下属可能会犯错误。同样，这些都是让下属能够做得更好的学习机会。随着风险逐步升级，你仍然可以让他们牵头，只是进行更多的监督，确保他们不会犯一些错误，导致不可挽回的损失。你可以稍微对他们进行微观管理，在他们偏离轨道时即刻纠正他们，确保不会发生灾难性的失败，而他们仍然可以从这些小小的调整中学到东西。

当微观管理逐步变成了放手会怎样？建立的信任越多，领导者就可以放手得越多。最终，下属成功地完成了足够多的任务，作出了足够多的决策并解决了足够多的问题，在获得完全信任的过程中学到了足够多的知识。

◼ 与上级

我们还必须与上级建立信任和关系。这一过程还是从说真话开始。在这里,下属经常犯的错误是喜欢告诉上司他们自以为上司想听的东西。无论是在士气低落时告诉上司"士气高昂",还是告诉上司"我们朝着正确的方向前进,肯定会达成销售业绩",甚至说出"我们拥有所需的全部支持",这些断言都会引发问题。这些话可能会让上司在短期内感觉良好,但从长远来看,它们会伤害到任务、团队乃至上司。当它们伤害到上司的时候,上司会记得是你向他们提供了错误的信息,他们对你的信任就会大打折扣。

所以,你必须说真话。但是请记住,这并不是给你权利去抱怨。也许你的团队一直在辛苦工作,需要休息,但没必要告诉上司,他可能不想听这些。但是,如果团队成员极度疲劳,为了避免犯重大错误,确实需要休息一下,那么就要告诉上司。要把说出上司需要知道的真相和抱怨正在发生的每一件事区分清楚。

如前面各节所述,在建立信任时有两件很重要的事,那就是表现良好和有技巧地违抗上司。

所有这些策略都可以用来建立信任。没有信任,领导力就会瓦解。

◼ 信任和权力下放

要建立信任,一个最关键的必要条件就是权力下放。必须建立良好的信任,因为有时候,只有建立信任才能在命令链上控制好一个团队。在动态的情境中,领导者没有时间解释为什么要完成这项工作。相反,领导者只需要下属立即执行。

这似乎又与我所教的一切背道而驰,不仅对于权力下放,而且对于领导力。我反复地告诉大家不要只是发号施令,不要把计划强加给下属,要确保每个人不仅了解你要他们做什么,更要了解他们自己为什么要这样做。一旦他们了解自己为什么做正在做的事情,就能主动承担责任,运用知识,以明确的态度执行任务,然后根据需要进行调整。

最重要的是,我还一直鼓励下属提问题。如果他们不明白为什么要做某件事,就要提问。如果下属不同意某个计划或想法,就要把他们的顾虑向上级提出来。最终,这种抵制和推翻上司计划的行为将产生更好的结果。毕竟,领导者对局势的看法与一线人员不同,所以领导者可能看不到下属看到的东西。领导者如果缺乏广阔的视野,就很容易作出错误的决策。因此,下属与领导者之间有必要进行公开对话,从命令链中上下级的不同角度去了解情况并得到不同的观点。经过公开对话,就可以制订出最好的计划。

但是,在时间紧迫的情况下,必须迅速作出决策,怎么办?假设我是一名海豹突击队作战排的指挥官,在一次城市战斗中,我们排在过马路时遭到重机枪射击,几位成员被困在街上几辆车的后面。我评估了情况,迅速决定从高处用火力压制,这样被困住的那些人才可以从街上脱身。我分析了排里士兵的站位,发现二班最有可能实现这个目标,所以我对着二班班长弗雷德大声喊道:"弗雷德,你们班去拐角处的那幢大楼,上到楼顶,然后从上面用火力压制！"

此刻，弗雷德并没有说："好吧，老大，你能告诉我为什么要这么做吗？我觉得我们应该探讨一下是否有其他可能的解决方案。"那样就太荒谬了。他知道情况很危急，现在没有时间去辩论。最重要的是，他信任我，我们已经合作了几个月。我作出的很多决定他都质疑过，每次当他质疑这些决定时，我都持开放态度，最后得出双方都同意的结论。弗雷德知道，我一直希望他了解为什么要做正在做的事情。我总是很乐意花时间尽可能详细地去解释和讨论其中的原因。

但是弗雷德也知道，现在不是讨论、解释或问答的时候，现在是采取行动的时候，现在是信任的时候。所以，弗雷德大声喊道："收到！"然后行动起来，执行计划。

这就是工作方式。

但也并非每次都行得通，因为当我向弗雷德发号施令时，他有可能会回头看着我，大喊："不行！"

是的，那个了解我、信任我而且知道我们处于危急情况的下属，回头看着我，然后尖叫："不行！"他不去做我要他做的事情。这是为什么？他对我失去了信心和信任吗？他觉得自己不需要听从命令了吗？不是的，答案很简单：弗雷德看到了什么我看不到的东西。也许他看到大楼外面有一个敌人的简易爆炸装置，也许他看到我看不见的敌方人员。还可能是别的什么事情，总而言之，由于某种原因，弗雷德认为他无法执行我的命令。

在一个高效的团队中，信任再次发挥了重要作用。不仅当我最开始下令让他去那幢大楼时，他要信任我，当他现在对我说"不行"的时候，我也必须信任他。我必须相信他看到了我看不见的东西,我必须相信,他会竭尽所能执行我的命令,这次他做不到。

现在我要作出一些调整。我没有告诉他要做什么,而是退后一步,告诉他为什么我要他去这么做。"我们要从高处进行火力掩护,这样我们才能行动!"

此时,弗雷德知道为什么我要他们这样做,所以他想出了一种方法。他指着一幢与我要他过去的拐角处大楼相邻的大楼,大声喊道:"收到!我让我们班到那幢大楼,爬上屋顶进行火力掩护!"

"好!"我回答道。

然后他照此执行了任务。

他之所以能够执行,我们之所以能够沟通,不仅因为我将权力下放,他了解了其中的缘由,还因为我们通过信任在命令链上建立了关系。这就是领导力。

赢得影响力与尊重

正如领导者必须与上下级建立信任和关系一样,领导者也必须赢得影响力和尊重。领导者常常认为他们受到尊重是因为其职级或者经验。同样,他们认为自己的职位权力等同于影响力。在某种程度上他们是对的。当领导者担任级别较高的职位时,该职位会为他带来固有的尊重和影响力。通常,下级会依赖上级,期望上级凭借培训和经验能够作出正确的决策并带领团队朝正确的方向发展。职级和职位确实可以带来一定程度的尊重和影响力。

但是,这种尊重和影响力是极其有限的。领导者需要在最初的平台基础之上,尽可能增加下属的尊重和影响力。与建立信任类似,要建立尊重和影响力,你必须给予别人尊重和影响力。

尊重他人,让他们发表自己的意见,听他们说,不要打断他们,不要轻视他们的工作或职位,要与他们共同分担艰巨的任务。

影响力也是如此。如果你想对别人有影响力,就要允许他们对你有影响力。当你聆听他们说话时,要真的去听。你要考虑他们的建议,并在可能的情况下将他们的思想和想法纳入你要实现的目标。你还要保持开放的心态。

你越是尊重别人,越是允许别人影响你,你将获得越多的尊重,而且对别人的影响力也就越大。

对凡事承担一切

在我的海军生涯中,我信奉的最重要的一条领导原则是"承担一切"。这是指,"当出现问题时,作为领导者,一切都是我的错"。如果命令链中的上下级执行任务失败,都由我来负责。我在第一本书《极限控制:如何在困境下逆袭并获取胜利》的第一章中对此进行了介绍。

承担一切的理念引起了大家的共鸣,它在各个行业、企业和职业的团队中,非常有效地帮助不同领导岗位的人进行领导。领导者发现,当他们承担一切的时候,团队的其他成员,包括命令链中的上下级也在主动承担。当员工主动承担工作和任务时,工作就完成了,任务也实现了。当出现了问题,员工主动承担这些问题时,问题就得到了解决。

"承担一切"看似很容易理解,但是要完全理解其真正含义并不容易。其真正的意思是领导者应当对所有一切负责。

这可能很难完全理解,因为有时候下属会做一些上司觉得无法控制也无法为此负责的事情。下属会犯错或者采取完全出乎意料的行动。这种情况下怎么能算作领导者的错呢?

我想以海豹突击队作战排里的一名年轻的机枪手为例,来说明领导者如何真正地对一切负责。机枪手在海豹突击队作战排里起着关键作用。机枪手扛的机枪是一种使用弹夹链供弹的重型武器,每分钟能发射700多发子弹。因为机枪的火力如此巨大,它对海豹突击队的排或班至关重要,它是向敌人进行火力压制的主要武器,可以让敌人抬不起头来,从而让其他海豹突击队队员采取行动。在掩护和移动这一基本战术,即作战法则的第一条中,机枪是用来掩护的主要武器。

当然,机枪不会自行发射,它离开机枪手就一文不值。机枪手扛着武器和弹药,保养武器,装载弹药并开火,这就是他的工作。但是,机枪手还必须知道如何最好地使用他的武器。他必须知道如何占领一个好的位置,牵制住敌人,为己方士兵提供掩护。他还必须了解自己所处位置的地形,知道如何利用地形来发挥自己和整个排的优势。如果情况允许,还要知道敌人会如何利用地形来发挥他们的优势。机枪手还必须了解自己的火力范围。火力范围是指海豹突击队负责的战场区域,无论是街道、走廊、山谷,还是主要方向。在整个区域内,他必须找到敌人并与其交战。火力范围的边界同样重要。在火力范围之外,可能会有无辜的平民、友军,甚至己方海豹突击队队员。也就是说,在火力范围之内不会击中自己人。

所以，机枪手要考虑很多事情，但由于他的工作是射击，通常不需要具备领导力。机枪手几乎都在由4到6人组成的火力小组中，由火力小组组长领导。由于没有什么领导机会，机枪手的工作通常是由经验相对较少的新兵担任，通常在他们军事生涯里效力第一个或第二个排期间。由于机枪体积较大，我们称其为"猪枪"，机枪手就变成"猪枪手"。另外，由于"猪枪"的体积较大，一般需要块头稍大一点的海豹突击队队员来扛。虽然并非总是如此，但如果新兵是个大块头，很强壮，通常会被任命为"猪枪手"。

海豹突击队里还有一个老套的笑话，说"猪枪手"都是大个子、强壮的新兵，但却不是最好的利器。任何做蠢事的新兵都会被告知他"将成为一名优秀的'猪枪手'"。每当简报结束后，排长经常会问："你们这些'猪枪手'明白了吗？"

这就是为什么刻板的"猪枪手"成为承担一切的一个完美例子，因为刻板的"猪枪手"会犯错误，他们很容易受到指责。这种情况我经常在作战训练行动中从年轻的海豹突击队领导那里听到。这些年轻的领导者尚未完全理解他们的角色和"承担一切"这个理念。

我们的作战训练行动是非常复杂而且压力很大的模拟战斗。我们有很高的预算用于训练，所以尽我们所能复制战斗的混乱场面。我们聘请好莱坞的布景设计师，让训练区看起来像伊拉克或阿富汗的城市或村庄，我们请来演员模仿敌方战斗人员和友好平民，并使用彩弹或其他高级彩绘弹来模拟武器，还使用价值数百万美元的激光枪战系统。

这个模拟的战斗区不仅用于教授战术，也是个领导力实验室。在这里，我发现年轻的海豹突击队领导们并不理解"承担一切"的真正含义。

假设有一个年轻的"猪枪手"朝着错误的方向射击，而且超出了他的火力范围。我问"猪枪手"的领导这是怎么回事。他轻描淡写地说："嗯，猪枪手犯了一个错误，他朝着错误的方向射击。"

我会问："那是谁的错？"

"是机枪手在瞄准，他扣动的扳机，是他的错。"

这种回应很常见。但这是不对的。

你会发现，如果"猪枪手"犯错了，说明他没有得到适当的训练。组长负责训练机枪手，如果机枪手朝着错误的方向射击，说明他没有被告知情况，没有完全了解自己的火力范围。组长应对机枪手负责。是的，这也可能说明"猪枪手"不胜任，不了解自己的任务和火力范围。如果是这样，组长有责任查明短板在哪里，训练机枪手，让他能够了解清楚状况，或者把他从这个职位上撤走，安排到他胜任的职位上，或者作为最后的选择，如果机枪手确实没有能力做好自己的工作，把他从团队开除。

所以，无论机枪手失败的原因是什么，都是领导者的错。领导者应当对团队中每个人所做的一切负责。尤其当我手下的士兵突然惹上麻烦的时候，我更加这么认为。如果我手下的一名海豹突击队队员在城里喝得酩酊大醉还打架闹事，我会想是哪里出了问题。我为什么没让那个人意识到他的行为会产生什么后果？我为什么没预料到他会惹麻烦，然后阻止他出门？

"承担一切"是指领导者应当对团队中每个人的行为负责。就是这么简单。

有些事情的发生的确是领导者无法控制的，但这种事情发生的概率比大多数人想象的要小得多。天气就是一个很好的例子。每个人都知道我们无法控制天气，所以，如果由于天气太恶劣而无法用直升机将突击队运往目标地，就必须取消任务，那显然不是领导者的错。毕竟，领导者无法控制天气。

错。虽然领导者无法控制天气，但是他可以针对恶劣天气制订应急计划。可以制订备用计划，用地面车辆把突击队运送到目标地。领导者可以提前向目标地迈进，所以不需要用直升机。他甚至可能想出了一个应急时间表，保证在天气变坏的时候所有资源都可以使用，这样任务可能会延迟而不是取消。所以，尽管领导者无法控制天气，但他可以提前制订好应对计划。

这意味着"承担一切"不能有任何托词，它适用于所有事情。在领导者决定为自己寻找借口的那一刻，就打开了把责任推卸给别人的大门，这样会导致失败。

◼ 先发制人地承担责任

当领导者知道自己不能责怪任何人或任何事物时，他们将采取我称为"先发制人地承担责任"的策略，即主动承担事情，第一时间防止问题扩大。领导者知道，机枪手犯错了，但是不能责怪他，所以就先发制人地承担责任，把重点放在训练这个机枪手上，确保他了解计划和他在其中的职责。领导者知道天气恶劣不能作为不去执行任务的借口，所以就先发制人地承担责任，确保当天气发生突变时有多个应急计划。

对于团队来说也是如此。如果领导者知道确实没有任何借口,那么他将竭尽全力作好准备。主动承担不仅是在发生错误的时候,承担责任的最高形式是先发制人,在错误发生之前承担责任,在问题发生之前缓解问题。

◼ 受责备时承担责任

人们经常问我:"当别人责备你,说是你的错,你应该如何承担责任?"

对我来说答案很明显。我告诉他们:"这就是重点所在!当你的团队责备你的时候,你要说:'是的!一切都是我的错,我是领导,无论好坏我都要为所发生的一切负责。是的,这是我的错。我准备这样解决这个问题……'"然后,我告诉他们要立即把重点转移到主动解决问题上并解释他们的解决方案,或者,如果他们没有解决方案,就让他们尝试找出解决方案。

"主动承担"这个答案看似简单,但我们可能很难真正理解,也很难真正做到,那是因为受限于我们的自尊心。当我们接受指责并承担责任时,会伤害到我们的自尊心。有的人无法克服这一障碍。另外,当别人对我们指指点点,无论问题出在哪里都指责我们的时候,会更加伤害我们。当有人就一个问题指责我们时,我们该怎么办?我们会辩驳。我们所有人都会辩驳。

所以,这个问题的答案很简单。当你是领导者,而且有人因为某个问题而责怪你时,你要接受指责,你要为此承担责任。

但是,如果你是下属,当上司因为某个问题而责怪你时,会发生什么呢?自尊心和防御机制将再次被激活,你想矢口否认或者将责任推卸给别人。请你克制住这种冲动并主动承担责任。"但是，如果真的不是我的错怎么办？""如果问题真的不在我这边怎么办？"我一直听到人们有这样的反对意见。

我们来看一下这个论点，这里还是以机枪手为例。想象你在一个4人火力小组中。你是一名步枪手，另外还有一位火力小组组长、一名机枪手和一名掷弹兵。巡逻的时候你走在机枪手后面。在训练演习中，机枪手向其火力范围外射击，威胁到一些友军。

训练结束后，火力小组组长问："你为什么让机枪手向他的火力范围外射击？"

现在，从某一个角度来看，这听上去很荒谬，你仅仅是一名步枪手，不是领导，不是机枪手，你负责的是自己的火力范围，而不是机枪手的火力范围。机枪手的火力范围由他自己负责。最重要的是，他才是扣动扳机的那个人。那么，你为什么要为机枪手的行为负责？所以，你对领导说："嘿，老大，是机枪手负责他的火力范围，不是我，你应该去问他。"火力小组组长失望地看着你，走了。你感到很奇怪：他为什么很失望？但你维护了自己，将责任归咎于应该为此负责的人——机枪手。

这似乎是正确之举，但事实并非如此，这里还有另一种角度。组长说："你为什么让机枪手向他的火力范围外射击？"你意识到火力小组组长对你有更高的期望，不仅仅作为一名步枪手。组长希望你不只是顾着自己。他希望你能帮助团队中的其他成员，帮助指导和领导机枪手。这是对你领导力技能的一种赞赏和肯定。所以，你回答："对不起，老大。虽然我知道自己的火力范围，但我应该确认机枪手也知道他的火力范围。我要是能多花一两秒钟，就可以确保他了解正在发生的事情。这是我的错，我保证这种事情不会再发生了。"

在我说完之后,火力小组组长满怀信心地点了点头:"太好了,这就是我要的。我要你加强领导力,我不可能无处不在,感谢你的协助。"火力小组组长拍了拍你的肩膀,走了。你感觉很好。你意识到火力小组组长对你很信任而且抱有很高的期望,你还知道你成为领导者之后,整个团队会做得更好。这才是正确的回答。

针对这个问题,还有另一个角度:火力小组组长呢?他想要谁在他的团队里?那个逃避责备、推卸责任的步枪兵?还是承担错误,甚至是承担小组其他人所犯错误的人?答案是显而易见的:任何领导者都希望他的团队中的人站出来主动承担责任。所以,你要成为这样的人。

捡弹壳

在职级上,领导者可能高于其下属,但在命令链上,并不比下属高一级,这意味着领导者必须尊重下属。这也意味着,对于领导者来说,小事或者烦琐工作都要做。

在海豹突击队中,我们在占地几十平方英里的广阔且高度动态的场地内进行大量武器射击。当我们射击时,武器会留下数十万甚至数百万的黄铜子弹壳。因为黄铜很值钱,需要回收,而且我们要保持训练场地的清洁,所以当海豹突击队作战排完成一个训练模块时,必须捡起所有的黄铜子弹壳。

这是一个非常痛苦的任务,通常需要花费几天的时间忍受着沙漠里的高温，跪爬着去捡子弹壳。这是一项烦琐的工作，不需要任何技能和领导力。

正因为此，海豹突击队领导往往把捡子弹壳这种差事交给下属去做。而领导者总是有行政工作要完成，有会议要参加，有未来的作战计划要制订。但是，把捡黄铜子弹壳这个工作留给别人不是一个正确的做法。我总是和士兵们一起捡。这样不仅表明没有什么工作是我不能做的，而且这也是我与一线海豹突击队队员接触，与下级领导和士兵保持联系，观察他们之间如何互动的好时机。另外，这种时候还能暴露团队中究竟是谁在懈怠。

选择不捡黄铜子弹壳的领导者就错过了这一切。当然，他们可能刚刚参加了一场会议，刚刚做完行政工作或者需要补觉。但是，他们没有与士兵建立关系，看不到士兵是如何互动的，当然也没有机会向团队证明自己的谦卑。

这并不是说领导者应该总是亲临现场，完全不是这样。领导者必须领导，领导者确实必须出席会议，完成行政工作，为未来制订计划和执行各种紧迫任务。但有时候，特别是当一项工作特别耗费士兵的精力时，要下沉到一线，与一线人员一起去做这项工作。

这类似于领导者如何对待高风险的操作或者令人有严重不适感的事情。如果团队经常被置于险境，领导者应当不时加入团队一起面对这种风险。如果团队中有一项特别艰苦的工作，一位优秀的领导者应该定期去做这项工作。同样，如果某项工作让人很不舒服或者很痛苦，领导者偶尔也要体验一下员工必须每天忍受的痛苦，无论是在冰天雪地里维修电线，在高温下浇筑混凝土，作为执法人员在一个不良社区巡逻，还是在陌生电话访谈中被不断地拒绝。在任何一种情况下,优秀的领导者都会做下属每天要做的那些艰苦工作,所以他们永远不会忘记尊重工作本身和从事工作的人。同时,下属也能认识到领导者愿意承担责任,了解这项工作面临的挑战。

 从后面领导

领导者最常听到的一句话是:"带头干!"这点很重要,毕竟,当领导者带头干的时候,就会发生一些关键的事情。

当领导者带头干的时候,他在树立榜样,确切地展示做什么和怎么做。这种榜样在恐惧的时刻至关重要。在战斗中有很多例子,形势非常严峻的时候,是领导身先士卒才改变了结果。也许是要穿越空旷的地形,也许是要射杀一名敌军狙击手,也许是要进入门背后有敌军士兵的房间。任何一种情景都会让人感到恐惧,踌躇不前。谁想去冒险送死呢?

但是,如果不采取行动,上述任何一种情况都会变得更糟糕。这些战斗实例证明,在这种情况下必须有人采取行动。通常,这个人就应该是领导者。当其他人没有勇气采取行动时,领导者必须身先士卒。领导者必须冲过空旷的场地,在敌方狙击手的火线中冲锋陷阵,或者破门而入与敌军战士交战。如果领导者不采取行动,没有人会采取行动。整个部队停止不前,敌人将掌握主动权,占上风并赢得胜利。

不仅在战斗中领导者需要身先士卒,在任何停滞不前并引起恐惧或不安的情况下,解决问题的最好方法就是领导者站出来采取行动，越艰巨的任务越是如此。人们往往都有畏难情绪，会拖着不想动手。但是，当领导者介入并开始攻克这项困难时，下属也会加入并开始行动。

领导者还要带头树立好的榜样：尊重他人，互相照顾，时刻保持专业度。如果领导者以这种方式领导，下属将紧紧跟随。

这些例子证明，很多时候领导者必须起带头作用。但有时候，领导者必须从后面或者从中间领导。

从战场上的战术角度来看，领导带头会增加领导者的风险。有时领导者必须冒这个风险，但是如果领导者阵亡或者丧失行动能力，对于团队来说会是个灾难。领导者必须正确判断何时何地要冒险。除了风险之外，如果领导者把自己放在最前面，很容易陷入眼前的战术问题。在处理交火之类的直接战术问题时，不能有更广阔的视角，导致决策变得困难。

在商界中亦是如此。如果领导者陷入公司日常运营的细枝末节，他们就会失去对更广泛事件的关注，决策过程就会分崩离析。

在我担任海豹突击队指挥官时，在进攻中我总是尽量避免成为进入可能有敌军的建筑物的前6到8个人。我这样做是因为前6到8个人将负责清理房间，可能会进行枪战，至少要俘获有可能抵抗的目标对象。简而言之，前6到8个人将要应对动态、动荡的局势，需要他们全神贯注。如果与第一批队员一起进行交火，专注于努力活下来并消灭敌军，谁来要求火力支持？如果他们被大量敌方人员击溃，谁来要求增援？如果看到敌方人员离开建筑物，谁来把正在发生的情况通知外面的安全保障单位？在任何一种情况下，在突击队处理眼前的战术问题时，都必须由其他人来领导。在那种情况下,由我来领导。我的工作不是清理房间,与目标对象交战或与俘虏打交道。我的工作是超脱,评估局势的发展,为我的士兵们提供所需的支持。

所以,当我靠近一幢建筑物时,如果我碰巧走在突击队的最前面,我会退后一步,高举武器,让其他海豹突击队队员走在我前面。我手下的海豹突击队队员们一看到我这样做,就立即知道发生了什么,他们会超过我向目标前进,整个计划不会被打破。

如果我正好在走廊上或拐角处牵制敌人,也是一样的。我的团队知道我不应该负责牵制敌人,牵制敌人需要100%的专注,而且负责牵制敌人的狙击手不能左顾右盼地去看别处,他必须注意指定区域有什么威胁存在。我的士兵们不希望我去负责牵制敌人,他们不希望我一直盯着走廊看,他们希望我组织火力支持,监控敌人活动,规划下一步行动。他们要我去领导。如果我在牵制敌人,就无法做任何其他事情。所以,当我不得不牵制敌人时,我手下的士兵会立即拍我的肩膀,把他的武器对准敌方威胁,点头表示他现在已经在掩护这个区域,承担起牵制敌人的职责。然后我可以退后,高举武器,关注全局发展情况。

如果我手下的士兵看到我要控制俘虏、召集俘虏、清理房间或走廊,他们也会来帮我做。我的团队希望我向上和向外看,而不是向下和向内看。

在针对陆战情境进行的即时行动演习中,我教给年轻的海豹突击队领导们同样的理念:他们不应该总是在前面与敌人交战。一旦最开始的群射结束并发出了号令,领导者应当从直接交火的位置转移到有良好掩护的位置,以便评估形势和发令。

并非只有在战场上领导者要警惕不能从距离前线太远的地

方领导,制订计划也是如此,要考虑从什么地方领导。不是由领导者来制订计划,最好是让团队成员提出计划,让计划成为他们的想法。当领导者让团队成员提出计划时,这些人就已经接受了计划,因此无须再说服他们任何事情。当然,如果计划过程陷入了僵局,或者团队成员无法就行动方案达成共识,领导者有必要介入并提供指引,甚至决定要采取哪种行动方案。

但是,领导者最好从后面领导,让下属来主导计划并承担责任。最好的想法通常来自团队中最接近问题的人,也就是一线的人。不要去阻止他们,而是赋予他们自由和权力去创建和执行新的计划和想法。他们已经拥有知识,给予他们权力。不要执着于带头领导,退后一步,让你的团队自己来领导。

 不要反应过激

有时候,人们会说一些或者做一些毫无意义的事情。有时候,事情并不按照你想要的方式发展。当这种情况发生时,优秀的领导者会保持头脑冷静。不要激动,控制好情绪,认真思考。在从逻辑上对实际发生的情况进行分析时,请坚持己见。

记住,你此刻所说的都是基于不完整而且可能不准确的信息。在你开口说话之前,要考虑到事情的发展,以及将要展现出来的局面。

这并不是说不需要快速作出决策。但即使在这种情况下,也必须暂停一下,确定你已经了解真实情况。即使是在枪战中,射击开始之后,你也要进一步评估正在发生的情况。如果子弹来自北面,那么显然你的团队要向北面开火,但是你不能立即投入全部火力对付北面的敌人。你必须估计一下敌军的规模,如果他们人数不多,你可以发起攻击把他们干掉。但是,如果他们人数很多,你可能要命令你的部队停止交战并离开这个区域。在估算敌军规模之后,你要评估地形,计算向北行动是否行得通。如果只有开阔的地形而没有任何掩护和遮挡,那么即使对很少的敌军发起进攻也是徒劳。但如果可以利用某些地形向敌军移动,那么进攻会是一个正确的决定。最后,你必须确定这是不是敌军的主力。北面的这些敌人是敌军的主力吗?还是分散你注意力的一支小分队,还有更大、更强的武力正准备从另一个方向把你击溃?这些是你必须考虑的问题。你必须快速而充分地考虑这些问题,确保作出的决策是正确的。

在商界,任何事情出现问题,都要进行类似的评估。如果你听说某个员工正在与竞争对手接触,而且可能要离开你的团队,不必大发脾气。相反,要保持镇定,去了解更多信息。如果你被告知某个项目明显偏离了轨道,不要发火。相反,你要冷静地确认是什么原因导致这个问题,以及需要什么支持才能让项目重回正轨。

在任何情况下都不要有过激的反应,反应过激总是不好的。它不仅会导致错误的决策,还会让你看起来像一个很糟糕的领导。人们不喜欢领导反应过激,是因为领导一旦失控,可能会作出不合理、仓促的决策。所以,请退后一步,从情绪反应中超脱出来,弄清楚到底发生了什么,然后根据实际情况,作出冷静而且合乎逻辑的决策。

我不在乎

还有一种方法可以控制你的反应。这是另一种形式的超脱，它很难掌握，这种超脱形式叫做"我不在乎"。

人们在谈判中很熟悉这个策略，那就是拔腿离开的能力。这是一种强大的武器。"哦，你不愿意降价是吗？行啊，没关系，继续。"

作为一名领导者，"不在乎"也是一种非常强大的工具。你想用你的计划而不是我的计划？行啊，我不在乎。你要我为你做一些别人觉得有失颜面的卑微工作吗？行啊，我不在乎。哦，你要我给别人机会领导一个项目？太好了，我不在乎，我会全力支持他。

是的，"不在乎"这种能力要经过很长时间的修炼，也是一种很难获得的能力。为什么？因为它要求你能够服从对方并放低人类最强大的驱动力——自尊心。

如果你深究自己关心的问题，会发现其中很多问题都根源于自尊心，甚至上文我刚刚给出一些简单的示例——被要求做一些卑微、有失颜面的工作。为什么这会让我们生气？是因为我们的自尊心。在这种情况下，一名优秀的领导者能够抛开自尊心去完成工作，无论这份工作多么卑微。

下一个示例是给别人机会来领导一个项目。显然，这样我的工作会更轻松，因为我不用再负责整个项目。那为什么人们会反对让别人去领导呢？因为放弃了领导权会伤害你的自尊心，而放弃领导权为刚刚接替你领导职务的人提供支持会更加伤害你的自尊心。但这只会伤害到你的自尊心。

当你深究自己关心的问题时，很明显，我们的很多感觉都与自尊心有关，因此，我们必须把自尊心放在一边。你的自尊心驱使你想要赢，推动着你前进。它不会让你躺平睡大觉，不会让你在乎其他任何人。但是，如果你真的想赢得胜利，想最终实现长期战略性胜利，就必须超越自尊心，因为自尊心也会让人变得目光短浅。

如果你做的工作有失颜面，你要表现出谦卑和为团队牺牲的意愿。如果你让别人来领导，你要建立信任，并显示出对自己领导能力的信心。这些基石将推动你迈向最终目标，这就是二分法，你的自尊心将会得到满足。那就对了，要在长期竞争中取得战略性胜利，就要不在乎。要想不在乎，就必须抛开自尊心。

每个人都一样，每个人都不同

每个人都一样，每个人又都不同。领导者对这个二分法理解得越透彻，对人也就越了解。

这个二分法的前半部分是"每个都一样"。每个组织中都有些典型的人。你会看到自信的自然领袖，想要避开聚光灯的害羞的独行侠，冷静理智的思想家，大胆好斗的人，好胜的人，和不太在意输赢的人。这些类型的人都是很常见的，他们存在于每个团队中，从海豹突击队作战排到公司董事会，再到女童子军，这些类型的人无处不在。人都是一样的。

但是，这种二分法的另一半是"每个人都不同"。他们有不同的动机、不同的打算、不同的习性和不同的想法。尽管你可以将某个人归类为"领导者"或者"独行侠"，但他们与你曾经共事过的其他领导者或者独行侠完全不同。

这些差异使领导者的工作变得如此具有挑战性。作为一名领导者，你要与各种不同类型的人建立联系。你要学习对不同的人采用不同的沟通方式去传递相同的信息。你要能够解释一个人的驱动因素，并将其纳入你的领导策略。你要了解一个人可以承受多大压力以及他们在压力下的表现。你要做到这一切，同时还要保持信息的一致性，要在团队中平均分配注意力，不能太有针对性，以免团队中的每个人都依赖针对他们的个性化需求而量身定制的填鸭式沟通。

这就要求领导者要像一个高级木工，一个用各种材料将木材塑造成有用物体的工匠。他不仅要知道使用什么工具，还要知道当这些工具用于不同类型的木材——从松软的松木到坚硬的橡木板——会有什么不同。不同类型的木材需要使用不同的工具，就像不同类型的人需要不同的领导力工具一样。但还不止于此。每一块木头都有自己独特的特点，它们有节疤、裂痕和扭曲，必须经过正确处理，以免破坏最终产品。因此，木工不能只懂得对不同类型的木材使用不同的工具，他还必须知道以特定的方式使用各种工具，才能搞定无数独一无二的木材。

所以，虽然一块木头是一块木头，而且所有木头都是相同的材质，但却有各种类型的木头，而且由于性质、情况和机会不同，每块木头都是独一无二的。每块木头都一样，而每块木头又都不一样。

人亦是如此。每个人都有一些共同的特征,这些特征让他们成为人,但同时,每个人都是独特的个体,要根据他们的独特个性来对待。

这对于领导者意味着什么?领导者需要为与其合作的每个人定制交流和互动程序?当然不是。这也是这个做法在领导力教学方面的短板。因为不可能记录针对每种领导力的工具,然后再针对现有每种类型的人分别应用这些工具。这不是这项教学的目的。这项教学只是为了让大家有一种认识,因为领导者很容易错误地把领导力工具普遍地应用于所有情境。领导者认为,如果一项技术对一个小组有用,那么它对别的小组也有用;如果一个工具对一个人有用,那么它对别人也有用。尽管过去的成功表明未来有成功的可能性,但并不能打包票。

很多时候,当领导者以过去的成功方法来应用相同的领导力工具时,他们不知道为什么团队或团队中个人的表现没有达到预期,或者与接受同样领导的其他团队不同。在那种情况下,领导者可能会觉得是团队的错,所以还是使用相同的工具,而且更加用力。但这似乎没什么用。实际上,团队的反应甚至比预期的结果更糟糕。现在,领导者更加沮丧,甚至更加确信团队或者个人是问题所在,他以最大力度应用了相同的工具。那会发生什么呢?就像木工在使用工具时用力过猛,木头会劈裂、烧毁或翘曲,最后木头被毁了,如果领导者的方法不适当或者用错了方式,可能会毁掉团队或者团队中的某些人。

精明的领导者不会这样做。精明的领导者会意识到自己用错了领导力工具,或者以错误的方式使用了这些领导力工具。然后,优秀的领导者不会以相同的方式更加用力地使用领导力工具，他们会设法释放压力。他们会评估状况，研究团队以及人员组成，分析情况动态。然后，优秀的领导者会调整使用领导力工具的方式，或者尝试使用一种完全不同的领导力工具。

从领导力的角度来看是怎么样的？也许团队成员没有采取任何主动，所以领导者为他们提供更具体的指示，让他们开始取得进展。但是，团队成员的主动性非但没有提高，反而有所下降。所以，领导者就给予团队成员更多的监督，确保他们在推进工作。但这样却让他们的主动性愈加低了。所以，领导者施加了最大的压力，准确地解释了他想要团队成员做什么，这样一来团队成员完全失去了主动性。他们心安理得地坐等被告知要做什么。

如果领导者更加精明，他会退后一步，发现他的详细指示变成了微观管理，非但没有激发团队成员的主动性，反而削弱了他们的主动性。一旦领导者意识到这一点，就可以选择另一个方向，提供宽泛的指导，赋予团队成员权力和自主权，让他们以自己的方式推进工作，从而激发他们的责任心和灵感，并发挥主动性把工作完成。

同样的事情也会发生在一个团队的个体成员身上。如果一个人没有发挥其最大潜能，领导者决定从这个人身上拿走一些职责，希望他能意识到自己需要提高绩效。但是，这个人非但没有提高绩效，反而失去了信心，绩效变得更差。于是，领导者又拿走了更多的职责，又引起了同样的反应。最重要的是，这个员工开始感到并表现出对上司的不满，彼此之间形成了敌对关系，形成恶性循环。

但是，如果领导者注意并认识到这个绩效有问题的人态度在变差，他会改变方式。领导者没有减少这位员工的职责，反而增加了其职责,给了他一些更加重要的项目——必须提升自己才能执行的项目。员工会觉得上司信任自己,相信自己能做得很好,因此得到了激励,付出更多的努力,也获得更多的经验和信心。这些项目完成后,这个人可能会要求更多职责并获得批准。这位员工现在走上了正确的道路,在帮助团队的过程中不断地进步和提升。

当然,事实并非总是如此。有的人面对越来越大的压力会退缩,他们需要较长时间才能获得信心。有的人把失去职责视为挑战,他们会想证明给你看,所以他们会加倍努力地重获职责,证明自己能够承担更多责任。所以,在相似的情形下,即使症状相同,不同的人也需要以完全不同的方式去对待。这就是为什么领导者必须采用不同的领导力工具,而且要谨慎地应用这些工具。

正如一个优秀的木工不仅是一个工匠,还是一个艺术家,领导者不能只是普遍而随意地运用领导力工具。领导者必须有技巧、有手段,审慎和巧妙地把领导力工具应用于团队和个人。这就是领导的艺术。

 ## 发挥天性

人是先天与后天的产物,人天生具有某些特质,这些特质在人生中通过训练和体验进一步发展和强化。人具有不同的个性、动机、脾气、态度、技能和才能。其中一些特质来自遗传,另一些则来自人生经历。目前尚不清楚哪些特质是先天的,哪些是后天的,以及先天和后天对各种特质的影响有多大。

幸运的是，当你成为一名领导者，你的重点不是了解人的特质来自何处，而是如何最好地利用每个人的特质，为团队和个人创造价值。如果可能，将特质与工作匹配起来，不要强迫一个人扮演不适合他的角色。不要让一个害羞内向的人去做销售员，不要让一个胆小且不敏感的人负责人力资源工作，不要让一个富有创造力的人担任需要严格遵守程序的职务，也不要让一个极度完美主义者承担一些混乱的职责。把员工安置在与自己的性格相符的岗位。

这并不是说应该严格地将员工安置在完全适合其特质的岗位。这是一个不现实的目标。工作对于每个人而言并非都是理想的，员工要不时地跨出舒适区，或者坚持在舒适区之外，从而提升自己的薄弱之处。领导者的职责就是确保这一切以可控的方式进行。

所以，尽管一名优秀的领导者不会把一个害羞内向的人分配到销售岗位，但领导者应该让他试着打一些销售培训电话，让他在与他人交谈时能够更加自如。久而久之，这个人就可以克服害羞，有能力承担更重要的角色。同样，领导者也不会把一个急躁又有攻击性的人放在人力资源岗位，但是可以与急躁的人进行角色扮演练习，从中学习如何更加谨慎地与这种类型的人交谈。这种方法适用于任何性格的人，为了帮助员工成长和学习，必须给他们分配超出其能力范围的任务。

尽管这样做有利于员工的成长，但他们的主要职责还是应当契合他们天生适合做的事情。这样他们会更加享受工作而且会做得更好，让他们自己和整个团队都受益。不要与天性抗争，要利用好天性。

作为领导者的孤立状态

无疑,作为一名领导者,你必须适应被孤立。毕竟,你与下属之间会有一定的隔阂,一不小心就会感到高处不胜寒。你会逐渐独来独往,因为你的工作比别人多,比别人早上班,还要比别人晚回家。

你还要独自作决策,因为作为领导者,决策最终都是你的,必须由你自己作出。当然,你可以寻求建议或者取得共识,但最终决策还是由领导者一个人作出。这就是指挥的重担。

话虽这么说,尽管领导者可能被孤立,但不能孤独。作为一名领导者,我从不觉得孤独。我发展团队并了解团队成员,我在命令链中向上向下都建立了非常牢固的关系。当然,做这些事情的时候必须谨慎。领导者不可能与团队中的每个人做朋友。也不是每个人都有与上司保持紧密关系的成熟度和敏感度。所以,你在与他们建立信任和关系时必须循序渐进。

最终,你在组织的各个层级都有可信任的人。当你在团队中建立了信任之后,就可以时刻关注你的团队,了解可能出现的问题,提出自己的想法之前先试探下别人的意思。最重要的是,一旦你在团队中建立了紧密关系,你可以让员工在压力大的时候开怀大笑,适当地开玩笑放松一下。这样可以减轻你"高处不胜寒"的情感压力。

当然,领导者必须掌控好这些关系。关系并不代表优待,并不意味着过度的影响力,也并不意味着你要毫无顾忌地全盘托出自己的想法。这里有一条微妙的界限是不可逾越的，否则在专业性方面会犯错。但是，你也不要孤军奋战，要与团队中的一些人保持密切关系，从他们那里获取反馈和意见。

同时要记住，决策本身就在于领导者一个人。要先试探下属的看法，作为一个团队来制订计划和行动方案，就最终决策达成共识。但是，最终决策本身仍然在于一个人，而且只有这一个人：领导者。这不仅是因为有职级划分，还因为有些事情即使领导者试图对团队详细解释，也只有他自己才能完全理解，因为领导职位给了他别人几乎不能理解的视角。所以，领导者必须作出最终决定。如果决策导致了失败，那不是"团队的决定"，而是领导者的决定。这是无法回避的现实。无论有多少顾问参与进来，无论团队的言论会对领导者产生多少影响，最终的决策都在于领导者一个人。事实基本如此。

区分轻重

在柔道中，黑带与白带的区别之一是黑带了解什么是重要的动作，什么是不重要的动作。一名黑带选手能看透不重要的动作，忽略细微的动作，专注于真正重要的动作。

一名优秀的指挥官在战场上也是这样做的。他能够分辨出敌人的射击是否只是火力侦察，能够理解敌人的行动是否只是一种策略。他会忽略那些对战斗不会产生实际影响的事情。

像黑带选手和战场上的指挥官一样，任何优秀的领导者都必须做到区分轻重。

对于任何情景中的领导者来说,外部和内部的变化无处不在。外部变化可能发生在环境、敌人的行为、市场、天气或场景的时间安排中。内部变化可能是个人的情绪、关系动态或者团队的士气。

变化是生活的真实写照。几乎所有事物都处于恒定的流动状态。领导者有一项关键的工作,就是弄清楚哪些变化是重要的,哪些只是干扰因素。这并非一件易事。我看到有些领导者总是沉湎于不重要的事情。他们将时间和精力浪费在毫无意义的事情或者小问题上面,而这些不会影响到他们要实现的总体目标。柔道中的黑带选手在保存实力方面都是大师,他们从来不把任何一个动作浪费在防御无关紧要的攻击上面。领导者必须学会这样做。

要区分轻重,领导者必须超脱,退后一步,然后评估情景中的每个细节是否重要。当领导者被直接卷入某个问题,当他们沉浸在某个情境的细节之中,会觉得每个问题似乎都很重要,很容易小题大做。

所以,优秀的领导者懂得超脱并跳出战术情境,这样他们可以看清楚什么才是真正重要的。在研究一个问题之前,他们会问自己一些问题:这个问题将对团队的战略目标有何影响?会导致任务失败吗?值得我投入时间和精力吗?如果我不理会它,事情会变得更加糟糕吗?

如果有问题需要领导者参与,那么这些问题的答案对领导者而言应该是显而易见的。这里要遵循一个好的规则,即领导者的错误只能发生在有没有参与这个问题上。我们的目标是让问题在最低层级得到解决。当下属在解决低级问题时,领导者可以集中精力在更重要的战略问题上。

当然,这里也有二分法。领导者可能把自己的位置摆得过高而无法认识到问题的重要性。他们可能认为解决问题对他们来说很不重要,或者认为忽略问题它们就会自动消失。他们可能认为下属能够自己搞定问题,但实际上这些问题真的需要领导者的参与。这些错误中的任何一个都可能导致问题失控,所以必须保持平衡。尽管领导者不能因不重要的事情而分心,但他们还是必须知道什么事情是重要的,知道何时应该了解战术情况并在问题失控之前解决问题。这是一项极具挑战性的工作,只有当领导者适当地超脱、评估,并就事情的轻重作出正确的判断时,才能做到这一点。

原则

团队中最重要的成员

"你是排里最重要的成员,"我告诉先遣兵,"是你带领我们进行巡逻。你知道我们在哪里,要去哪里,你引导我们渡过危险。在辨别伏击或简易爆炸装置之类的危险时,你就是我们的眼睛和耳朵。"我说的这些都是事实。我们所有人都依赖先遣兵。

我与通信兵也有类似的谈话:"你是排里最重要的成员。如果我们遇到了一支庞大的敌军,面临被蹂躏的威胁,是你用你背上的无线电救了我们。你发出开火的指令,联系飞机、坦克或友军来营救我们,是你让我们绝处逢生。一切都靠你。"这些也都是真话。

对医护兵也是如此,我告诉他:"你知道,没有什么比活着回去更重要的了。如果有人受伤,是你,只有你才能让他活着坚持到我们把他送进手术室。你是排里最重要的人。"

这个清单上还有很多人。狙击手是最重要的,没有他在枪战中进行火力压制,我们排就无法行动和生存。后方警戒人员是最重要的,因为和先遣兵一样,他知道我们要去哪里,而且一旦发生枪战,他知道要把我们带去哪个方向。当然,士兵和军官的领导们也从我这里听到了同样的话,他们是团队中最重要的人,因为领导力是战场上最重要的事情。

所以,最后,我告诉班里、排里或者作战小组里的每个成员,他们是排里最重要的人,而且我并没有说假话。因为在巡逻中的任何时候,他们中的任何一个人都可能成为最重要的人。如果排里任何一个成员在关键时刻让团队失败了,那将是灾难性的。

这是你对团队应该采取的态度:每个人的工作都是至关重要的。要向他们解释,如果他们没有做好自己的工作会发生什么。要向他们解释,即使是最低微的工作,也会影响到全局和战略使命。

每个人的工作都是最重要的,你要让他们知道这一点。

 管理的范围

你能够领导多少个人?尽管围绕着"领导者的管理范围应该是多少人"这个问题有一些宽松的规则,但实际的答案取决于一些变量。

首先必须考虑的变量是你所处的环境。如果你在一个动态的环境中领导,指挥像战斗那样需要耗费体力和脑力的任务,那么这个数字应该保持在相当小。这就是为什么军事单位都以 4

到 6 人组成的火力小组为基础。在战斗场景中,领导者最多只能跟踪并指挥 4 到 6 人。噪声、混乱、战争的迷雾、距离以及所有这些因素造成通信限制,即使最优秀的领导者也无法领导 4 到 6 人以上的团队。

作为一名手下有 35 至 40 个人(增加多少人手取决于特定任务)的海豹突击队作战小组指挥官,我每次只需要直接领导几个人。作战小组由两个排组成,每个排有两个班,每个班有两个火力小组。权力下放意味着我不需要了解这全部 40 个人的动态。实际上,我通常只需要了解两三个下级领导的动态即可。

这里有个显而易见的例子就是清点人数,在我们上战场之前要确认所有人都到齐了。我不用一个个地清点人数,只需要发出清点人数的指令,由每个火力小组组长确认组里的 4 个人都到齐了。这很容易做到,因为他们基本上一直在彼此的视线和听力范围之内。快速扫一眼或者吼一声就能在几秒钟内得到回复。然后,火力小组组长会把信息传递给他们的班长。接下来,每个排的两名班长会告诉他们的排长自己班的人都到齐了。在我发出询问的几秒钟内,两个排指挥官就向我传递信号——我们到齐了。这意味着我们所有人都在,可以行动了。如果人还没到齐,我也可以几秒钟内就知道并解决。无论哪种方式,通过利用下级领导和权力下放来清点人数绝对比别的方法,比如让每个人报数或者指派一名领导走来走去清点人数要好得多。

每个火力小组还必须制订适当的继任计划。如果组长受伤、阵亡或者丧失行动能力,下一任领导就要站出来接替他的职责,包括清点人数。所以,在各个层级都有领导力,这点对于权力下放是否能起到作用极其重要。如果一个班长在掩护丧失行动能力的火力小组组长的同时,还要掌握班里8到10个人的动态,他根本无法有效地完成任务,因为人太多了,无法控制。这时候需要火力小组的其他成员站出来领导。这样问题就迎刃而解了。

在更具管理性的环境中,领导力的一些基本职能较容易实现。领导者比较容易找到员工,与其进行沟通和互动,所以一名领导者可以管理更多的人,但这个范围也是有限度的。企业里的领导者也面临着挑战。他们每天的工作中排满了会议和电话,还要出差,而企业的日常事务也要他们花费时间和精力。所以,尽管企业中的领导者可以比战场上的领导者领导更多的人,但也是有极限的。通常,一个企业领导者最多领导8到10个人。如果超过这个人数,领导者根本没有时间或精力了解下级领导的具体动态。

领导者究竟能管理多少人,最后一个决定因素是下级领导的素质、经验和可信任程度。下级领导越有能力,需要上司的监督和干预就越少。如果我的一个下级领导与我一起工作了一段时间,对任务理解得很好,而且能很好地理解并贯彻我的指挥意图,那么他就不需要我给予太多指导或监督。如果整个团队中都是这样高素质的领导者,那么我就能够监管更多的人,因为他们每个人都不需要我太多的关注。

相反,如果我的下级领导经验不足,缺乏判断力,而且不能完全理解任务和战略目标,那么我就必须与他们多接触,要更加密切地监控他们的行为,这会占用我更多的时间。显然,如果领导这样的下属,我就无法监管很多人,因为他们都需要我更多的注意力。

你的下级领导的能力可能处于中等水平。有些领导者经验丰富，非常可靠，而且只需要很少的指导就能开展工作。还有一些领导者，他们不是那么有经验或者熟练度不够，需要不断的监督和监管。当然，你的下级领导也可能处于中游，他们虽然经验丰富、技术娴熟，但仍然不能独当一面。你的目标是将团队中的每个领导者都变得只需要很少指导就可以自己完成工作，而你只需要向上和向外看，而不是向下和向内看。但这些都需要花费时间，只有在下级领导人数有限的情况下，你才能投入时间和精力。

如果你管理的人员过多，可以把一些高潜力的人员提拔为小团队的领导。这样就可以快速把管理范围控制在易于管理的人数之内。

无论你如何组织，都要确保将管理范围限制在一定的人数之内，这样你才能真正地管理好团队。

用纪律照顾下属

纪律是用来照顾下属的最好方法。

从在军队里担任领导的第一天开始，你被一遍又一遍地告知必须"照顾好你的下属"。但是，有些领导者对这句话的意思有点不解。他们认为"照顾好你的下属"意味着让他们感到舒适、快乐，放纵他们，给他们尽可能多的休息时间，不要去催促他们。

错。事实刚好相反。在海豹突击队里，如果你真的关心下属，根本不会放纵他们。你会努力鞭笞他们。你会拼命训练他们。你将确保他们熟知战术以及他们要使用的武器和无线电。你将确保他们的身体处于最佳状态，并准备好承受战斗带来的精神和情绪压力。你将竭尽所能让他们作好战斗准备,这样他们和团队才有最大的可能从战场上凯旋。如果你真正关心手下,你会希望他们能够回家与家人团聚。实现这一目标的最佳方法是用纪律对他们进行刻苦训练。

在商界也是如此。尽管不会遇到什么生命危险,但如果你想照顾好自己的员工,就必须督促他们。你要确保他们了解自己的工作。你要推动他们朝着目标迈进。如果他们在职业上失败,就无法实现财务目标,无法照顾好家庭或者以他们想要的方式供养家庭。所以,当你成为一名领导者,最好的办法就是督促他们去实现目标。

当然,这种驱动也必须得到平衡。你不能用力过猛,否则他们会被压垮。职业倦怠不是什么新鲜事情,在战场上和企业中都有发生。所以,要特别关注这一点,不要让它发生。照顾好你的下属,还要知道何时后退,何时让他们喘口气。

但是,不要以为你的工作就是让下属走捷径。捷径往往通向痛苦。纪律的道路才能引领他们走向自由。

强制性纪律

团队中的最佳纪律不是由领导者强制实施的,而是由团队自己选择的。最佳的纪律是自律。

但是,团队成员并不总是有自律性,他们可能不了解自律会带来什么回报。发生这种情况时,可能要仔细地应用并强制实施一定的纪律,这样团队才能了解其益处。

领导者可以尝试让团队成员采用更严格的新流程。但是,就像变革一样,他们有可能对此进行抵制。假设领导者做得正确,解释了变革背后的原因,而且清楚地说明了实施变革会带来的益处。尽管有了这些信息,团队成员的态度并没有改变,他们拒绝把纪律强加给他们。

此时,领导者必须谨慎地施加压力。"听着,我们必须试一下,至少得到一些反馈",或者"我们需要先尝试一下,以免公司在这上面浪费更多的钱",或者"如果我们不作任何改变,我们就会落后,所有人都会付出代价"。这些都是较为柔和、委婉的说法,促使团队尝试新的流程。

为什么不直接命令他们实施新流程呢?为什么不强制实施纪律呢?如果你知道自己是对的,为什么不这样呢?不幸的是,这是实施变革最无效的方法。当你直接下达命令并把你的意志强加于团队时,你把下属的投入一笔勾销了。他们只是在做你告诉他们要做的事情,没有任何参与或者贡献。当人们没有投入时,就不会承担责任;当他们没有责任,在推进任务成功上面就没有个人利害关系。他们一旦遇到阻力,就会停滞不前。

相反,让人们自愿进行变革、拥抱变革并承担变革的责任,这样他们就会主动迈向成功。

看一下最简单的体育锻炼的例子。当然,你可以让人们都来参加体育锻炼,但是他们不会尽最大的努力。最大的努力只能来自个人意愿,人只有在真正有意愿的情况下才会付出最大的努力。否则,他们就会一直退缩而且停留在自己的舒适圈内,进步极其有限。

但是,想要锻炼的人会付出真正的努力,因为他们有这种意愿。世界上最优秀的运动员之所以能取得卓越成就，是因为他们在努力推自己，而不是别人在推他们。这并不是说运动员不需要教练。教练对于运动员的成功起到举足轻重的作用。显然，有时教练需要督促运动员进行额外的锻炼，多进行一次比赛，额外多做几次训练。是的，这是强制性的纪律，有时教练必须将其强加给运动员。

但是，如果运动员没有发言权，他们就无法正确地作出回应。他们失去了对自己命运的控制权，士气将开始下滑。所以，当运动员想要休息，或提出进行某些训练，或有一天主动休息时，教练应该应允。

领导者也是一样。领导者把控制权下放给下属越多，效果越好。

当然，这也不是一直奏效的，有时候团队成员无法确定他们执行一项任务或实施一项变革将获得什么收益。当他们无法在这两者之间建立联系时，尽管领导者给予他们委婉的鼓励，他们也不会去执行。这种情况应该很少见，因为毕竟，如果领导者督促得有道理，应该不难向团队解释决策的重要性。

但是，如果领导者无法让团队改变主意，只能说："我们要做这个。"同样，这种情况也极其少见。我在海豹突击队担任领导职务时被迫将计划强加给团队的次数一只手都能数过来。思考一下，如果我要做的事情有助于团队完成任务，为什么团队不做呢？这就是为什么这种情况很少见。但是，在某些情况下，团队中个人的计划与领导者的计划或者任务不一致，这时候就需要直接下令。

一旦直接下达命令，要特别小心。如果指示团队成员去做一些违背他们意愿的任务，他们会不希望任务成功。他们不会竭尽全力去完成任务，甚至更糟的是，他们会为了证明领导者是错误的而破坏任务。这是最坏的情况，也是对团队强加纪律从来都不是最佳选择的原因之一。当然，有时必须这样做。但最好的情况是，领导者希望团队接受纪律，看到其中的收益，最终自愿执行。

永远记住，强制实施纪律是一场艰苦卓绝的战斗，不是一种最好的领导方法。相反，只要有可能，解释清楚原因，确保团队成员了解纪律对任务和他们自身的益处。最后，让他们尽可能多地承担责任，这样他们就不会感到受强加的纪律驱使，而是受自己内在的纪律驱动。

骄傲（自豪）

骄傲是七宗罪之一，但它也是一种诲人向善的强大力量。这两个极端之间的二分法很难理解和正确控制。骄傲可以分裂个人和团队，但它也是一种激励，驱动积极的行为，获取成功。

"骄傲"一词可以用不同的方式来诠释，甚至关于骄傲，同样一句话也可能因为解释的角度不同而含义不同。例如，"他以自己的外表为傲"这句话可以指一个人的外表很职业、自信，而且他很注意自己的健康、形体和卫生，也可以指他花了太多时间专注于自己的外表，一直在镜子前，沉迷于自己的外表。

关于团队也可以这样说。一方面，过多的骄傲会导致自大。团队成员对自己的才干深信不疑，觉得不再需要努力工作、实践、演练和尝试改进。骄傲让他们不再尊重竞争对手。当骄傲变成傲慢自大，自尊心就会膨胀，随之而来的是停滞不前，然后开始螺旋式下跌。

另一方面，骄傲也可以成为团队的一项巨大的正面资产。骄傲可以成为一种无形的力量引导团队成员不断努力、竭尽全力，让自己和团队中的其他人都达到最高标准。"要以你的工作为傲"是经常对表现不佳的个人或团队提出的建议。这意味着你要在乎自己做的事情，然后尽力而为。

当团队成员骄傲的时候，他们会付出额外的努力，关注细节，因此，相对于不骄傲的团队或组织，他们的工作表现往往要好得多。这在自豪感很强的军事单位中尤为明显。他们所做的每一件事情都体现出自己的出色，包括士兵的面貌，执行任务的方式，甚至他们自己的言行举止。"单位自豪感"是军队里使用的一个术语，虽然无法完全量化，但能够被所有服过兵役的人观察和衡量到。诸如单位章、歌曲和横幅之类的东西，经过专门设计，营造出归属感和例外主义的态度，从而提高单位自豪感。

单位自豪感源于过去。它来自团队过去的表现。团队成员在一起经历的事情越多，他们之间的联系就越紧密，自豪感也就越强。只要挑战不会伤害单位成员，他们所面对的挑战越艰苦，建立起来的团队意识就越强。

军事单位的自豪感首先源于这个单位的经历——它经历过的战争，参加过的战役，被授予的荣誉和勋章。当我被部署到伊拉克时，美国陆军和海军陆战队的单位通常会携带部署的历史文件，将其挂在战术作战中心、食堂或待命室的墙上。单位的旗帜和战斗长条旗被隆重地摆放在营房或者简报室的显眼位置，非常引人注目。

体育和商业团队也是一样的。在体育团体中，过去取得胜利的旗帜被悬挂在体育场或者用来装饰走廊，奖杯放在玻璃柜中展示。在公司里，正面报道被裱好框挂起来，奖状被贴在墙上和桌面上，好评被张贴在书架上。

当辉煌的过去被高高举起并展示出来以表敬意，它便成为所有人的追求目标。理想情况下，这是为了让团队中的每个人为实现这一高标准而奋斗，让他们保持卓越水平。最好的情况是，领导者无须不断地监督违规行为并激励他们竭尽全力。如果团队成员对此感到自豪，他们就会自律。团队将不允许出现不达标的情况。任何人如果有所懈怠，不是由领导者而是由团队自己来纠正。这就是自豪感的力量。

那么，一支缺乏自豪感的团队应该怎么办呢？也许它没有辉煌的历史，也许没有胜绩可以高举，那该怎么办呢？

作为领导者，有个最重要的任务就是向团队注入自豪感。你会怎样做？你怎样才能建立起团队的士气，建立起强烈的自豪感，从而形成一种团队中每个人都付出超额努力的态度？

答案很简单，你要给他们机会赢得自豪感。建立自豪感并不是靠告诉团队他们很出色或者悬挂标语。如果不是赢来的，所有横幅、标志和旗帜都毫无意义。所以，要在团队中建立自豪感，必须将成员置于需要团结、力量和毅力才能渡过困难的局面之中。你必须在训练中把他们推向真正需要接受考验的点，这样他们才能为自己的成就感到自豪。

以军队为例，它会用艰苦的训练向各个单位注入自豪感。从基础的步兵训练到空降学校，再到特种作战选修课，艰苦的训练不仅让士兵为战斗作好准备，还能为他们注入自豪感。

当我担任一个作战小组的指挥官时，我们比其他作战小组更加努力地训练。我们最早出现，最晚回去。我们对射击和演习进行了额外迭代。我们在清晨进行柔道训练，在团队体能训练中加倍努力。我们非常有纪律。起初当我向作战小组强加纪律的时候，听到了一些抱怨："为什么我们要做这项额外的工作？""这样艰苦的训练有什么意义？""我们不必这样做"。

但是，久而久之，抱怨逐渐消失了，我强加的纪律变成了团队的自律，而自律最终变成了自豪："我们比团队的其他人都更加努力地工作……其他人都不及我们作战小组。"一些人甚至说："如果你不在'壮汉作战小组'，你会希望自己是其中一员。"虽然这只是句玩笑话，但却暗示了真相。

这就是自豪。当然，我们训练得越刻苦，我们的表现就越好，不是因为我们比其他作战小组拥有更多有能力的海豹突击队队员，而是因为我们在一起工作的时间更长，准备更充分，而且大家都保持更高的水准。我强加给他们的纪律被内化了，变成了自律。

作战小组里的每个人都恪守自己的职责，并做了一些其他的工作。大家从不迟到，从来没有人会忘记带装备。大家在做简报的时候全神贯注。当有事情要做的时候，总会有人站出来。我的下属们做的这些小事情，成就了一支优秀的海豹突击队作战小组。他们这样做不仅因为纪律，还出于身处"壮汉作战小组"的自豪感。

如果要建立自豪感，就必须承受痛苦。自豪感来自共同的痛苦。虽然，自豪感来自过去，来自胜利，但你不能完全依赖这一点。如果你想让团队成员感到自豪，就必须让他们通过辛勤工作来赢得自豪感。

当然,你可能会做过头。你让团队成员辛苦到崩溃,结果没有打造出一支经过训练和逆境而变得坚强的团队,反而把团队成员击败了,他们没有获得自豪感,反而精神崩溃了。

你也可能让他们骄傲过头了,他们会变得自大。当然,你希望团队成员有信心做任何事情,但是过犹不及,他们会认为自己无往不胜。他们会觉得不必通过努力就能赢得这种自豪感,然后就会懈怠。

不要让这种情况发生。不要对团队成员施加太大的压力,不要给他们残酷的挑战,你会击垮他们的。但是,也不能给他们过于简单的挑战,让他们完全占据主导地位,这样他们会认为自己不再需要训练和准备了。当你努力让团队建立自豪感时,必须谨慎行事。如果你看到团队士气正在下降,或者看到挫折感逐渐凸显,就要后退一步,让团队赢得一些胜利。相反,如果团队成员在训练中总是获胜,他们会认为自己不再需要作准备,或者战无不胜,这时候就需要敲打他们。要再向他们施加些压力,让他们更加努力。轻松取胜不会建立自豪感,但是团队必须赢得胜利才能建立一定的自豪感。设法去找到这个平衡点,努力维持住。

只有在谦卑与自信之间取得平衡时,骄傲才会成为一种强大的力量。如果在任一方向上走得太远,就会具有破坏性。你有责任去建立、维护和引导这种力量——骄傲。

发号施令

我的第一次军事部署是出征伊拉克,担任排指挥官,然后接任"壮汉作战小组"的指挥官。回来之后,我在训练和战斗方面的领导经验比作战小组中的其他人员都要丰富。作为一名列入优选名单的海豹突击队领导,曾经教授过海豹突击队各种战术任务集,我对如何计划和执行一项行动有非常深刻的理解。作为最早部署到伊拉克的作战排成员之一,我在一次又一次的战斗行动中测试并验证了我在这方面的知识,我们在伊拉克各地击溃了一个又一个目标。所以,我对计划任务驾轻就熟。我知道如何部署以及在哪里部署部队,知道最佳时机,还知道如何最有效地对目标执行行动。

但是,当我下达任务命令时,我没有指示下级领导要带哪些人和将这些人安排在哪个位置。我没有告诉他们要用多少辆车或者要带什么武器。我没有命令他们要遵循什么时间表,选择哪条往返目标的路线,要为何种突发事件作好准备。

我没有告诉各个作战排任何具体细节。如果我这样做,任务计划就不是他们的了,而是我的。相反,在下达命令时,我只告诉他们任务目标是什么,即我希望各个排实现的目标。这就是军队里所说的"指挥官的意图"。

我这样做,排里的领导和其他海豹突击队队员就能制订自己的计划。他们自己选择要带哪些人以及将他们安排在哪个位置。他们自己选择要用多少辆车,带哪些武器。他们自己弄清楚时间表、路线以及需要准备的应急计划。当他们完成这些工作之后，这个计划就成为他们的计划，而不是我的计划，这样他们就为这个计划承担起责任。

不是说你一定要同意下属的计划。我会经常查看下属的计划，而且我知道我有更好的方法。当然，这可能有点自负，但我的确比手下任何人都更有经验。我在海豹突击队的时间更长，有更多的机会和经验来计划和开展行动。但是，即使我的计划比下属略胜一筹，我也不会否定他们的计划。我会同意他们的计划，让他们去执行。如果我有一个预计成功率为90%的解决方案，而他们的计划成功率为80%，那么我仍然会让他们执行自己的计划，而不是我的。他们在执行自己的计划时所作出的承诺，轻而易举地弥补了这10%的差距。

如果下属的计划成功率只有70%，而我的有90%，那么我还是会让他们去执行自己的计划，但是我会对他们的方案给出一些小的修正建议，让它更有效，然后才可以执行。如果他们的计划更糟，比如说只有50%或60%的成功率，那么我会对他们的方案给出较多的修正建议，让其步入正轨，把成功率提高到70%或80%。即使那样，那仍然是他们的计划，他们会坚定不移地去执行。

如果他们的计划简直糟透了，几乎没有可取之处，那么我会问他们问题，直到他们意识到这个计划有多糟。如果一个计划不能很好地解决问题，他们不难看到其中的不足。即使那样，我也不会把我的计划强加给他们，而是让他们从头再来，从这个糟糕的计划中吸取教训，然后提出他们的新计划。这样他们还是会真正地接受并为这个计划承担责任。

所以，如果有机会，让你的下属提出计划。这不仅能让他们主动承担责任并接受这个计划，而且能让你从一定的距离和高度来发现其中的漏洞。因为避免了陷入困境，你可以退后一步成为战术天才。

知易行难，让下级领导制订计划的最大障碍是你的自尊心。领导者希望掌控一切，希望下属都听从他们。领导者通常将自己视为唯一能够提出正确计划的人。所有这些想法和感觉都是自尊心在作祟，把它放到一边去吧。当你的下属提出一个计划时，即使它不如你脑海中所想的计划那样好，也请放下你自己的计划——把它放到一边去。要为你下属制订的计划至少有可行性而感到高兴。做一些必要的细微调整，然后让他们去执行吧。他们会努力让它成功的。

随着他们一次又一次地制订并执行自己的计划，你一次又一次地给他们的计划作修正，他们会越做越好。很快，即使他们的计划不比你的计划更好，至少能达到一样的水平。当这一天来临时，你就可以开始向上和向外看，而不是向下和向内看，这才是一位领导者真正应该做的事情。

应声虫

作为一位领导者，你不应该希望周围的人都是应声虫——他们对你所说的一切都表示同意。作为一名下属，你不能当一个应声虫，当有什么计划行不通的时候，你要大声说出来。

这个理念有时候会让领导者感到担忧，因为从本质上讲，我的意思是：下属应该不断地质疑领导者，询问领导者为什么事情要这么做，要从第一线的视角提供信息和建议。这种方式会吓到一些领导者，因为有些领导者希望下属完全按照他们的指示行事。

这是个糟糕的想法。举例来说，假设我在战场上指挥三个排，而我处于队伍的后部。作为先头部队的第一个排突然遭到一个地势较高的敌军阵地的火力攻击。敌军阵地有几座坚固的堡垒和多架机枪，可连环射击。第一个排撤退到一个不会遭到机枪射击的小洼地中。他们向我报告说敌军已经向他们开火。但是，我急于前进，所以下了一道命令给第一个排的指挥官："带上你的排，发起进攻，摧毁敌军堡垒。"这个命令很简单：进攻。但是，这个命令有很大的问题。

这个战术示例贯穿计划、准备和执行过程中的各种不同情形。如果你想获得最佳表现，不能只依靠自己的脑力。相反，要鼓励团队中的其他成员思考并质疑你。不要被应声虫包围，他们对你或者团队没有任何帮助。当你的团队成员反击或质疑你的时候，如果觉得不爽，请控制好自尊心，你的自尊心可能有点膨胀。

"没有糟糕的团队，只有糟糕的领导"之例外

在《极限控制：如何在困境下逆袭并获取胜利》一书中，我们写道："没有糟糕的团队，只有糟糕的领导。"我们不是这种说法的首创者。拿破仑说："只有糟糕的将军，没有糟糕的士兵。"美国陆

军上校戴维·哈克沃思在他的《关于脸面》那本书中写道:没有糟糕的部队,只有糟糕的军官。

但是,仍然有人把"糟糕的团队"当作绩效不好的合理借口,那显然是错误的。在任何情况下,最终都不应该由下属对团队绩效负责。绩效不好永远都是领导的错。

话虽如此,"没有糟糕的团队,只有糟糕的领导"这一法则有一个例外情况。那就是,尽管有糟糕的领导,但是有一支好的团队,团队的表现很出色。

如果领导力是团队成败的最重要因素会怎么样?当团队不论级别由下属进行领导时,就会发生这种情况:他们很有技巧,尽管没有得到官方授权,他们知道如何去领导。这些下级领导找到了领导的方法,而且不会冒犯到架构型领导者,因为架构型领导者可能不擅长与级别比他低的人打交道。如果架构型领导者的自尊心很强,他们很可能不会听取任何下属的意见。出于这个原因,在一个由初级人员领导的成功团队中,架构型领导者谦卑地让下属来管理事务的确值得赞扬。如果没有谦卑的态度,架构型领导者就会阻止下属去领导,最终会抵消下属的努力,团队也会失败。

由于这条规则存在例外情况,意味着即使团队表现出色,不一定说明领导者是成功的驱动因素。当然,领导者可能有意识地退后一步,让团队中的其他成员来领导,这是一种积极的品质,但是他们并不是真正推动成功的人,他们不是成功的根源。

这一点很重要,因为在这个成功的团队中,上一级领导必须了解团队中每个小分队取得成功的原因,必须了解一个团队的真正实力。为什么?因为团队和组织不是停滞的,一切都在变化,任务在变化，使命也在改变。在这种情况下，有时必须调动人员，解散团队，然后进行重组，或者要提拔某些人员。如果领导者不了解下级团队成功的驱动因素，在管理变革时可能会出现问题。领导者可能想要增强一个弱队的实力，把一个强队的领导者调到这个弱队。但是，如果强队的领导者不是强队成功的驱动因素，那么这一举措对弱队影响甚微。但是，如果领导者可以识别实际上是强队中的某个下属在驱动团队的成功，那么将其提拔到弱队的领导岗位就可以扭转局面。同时，由于强队的表现一直很好，而且成员们知道如何能取得成功，所以即使没有这个明星队员，他们也会继续有出色的表现。

所以，虽然要认识到领导力是团队或组织成功的最重要因素，也要记住领导力不仅是来自于高高在上的领导者。毫无疑问，一个糟糕的团队是因为有一位糟糕的领导者，但一个好的团队却不一定是因为有一位好的领导者。你必须充分了解自己的下属，才能认识并利用好这个事实。

第二部分
领导力战术

成为一名领导者

 新任领导如何取得成功

一旦你被推选为领导者,就要进行领导了。有什么好的开始方式吗?像很多事情一样,良好的开端是成功的一半。但是,说起来简单,做起来并不容易。在你挂帅的时候,请牢记一些基本规则:

1. 谦卑。担任领导职务是一种荣誉。你的团队指望你作出正确的决策。

2. 不要表现得你什么都知道,你不可能什么都知道。你的团队知道你不会什么都知道。所以,问一些聪明的问题。

3. 倾听。寻求建议并将这些建议放在心上。

4. 尊重他人。无论级别高低,每个人都是人,都在团队中扮演重要角色。要尊重他们。

5. 对失败和错误承担责任。

6. 将成功的功劳归功于上下级。

7. 努力工作。作为领导者,你应当比团队中的其他人都更加努力。任何工作到你这里都能结束。

8. 有诚信。说到做到,言行一致,不要欺上瞒下。

9. 保持平衡。极端的行为和意见通常是不好的。

10. 果断。在需要作出决策的时候,当机立断。

11. 建立关系。这是你作为一名领导者的主要目标。团队是由一群彼此之间有关系并互相信任的人组成的。否则,只是互不相关、支离破碎的一群人。

12. 最后,完成工作。这是领导者的目标,领导团队完成任务。如果你没有完成任务,那么,作为一名领导者你就失败了,绩效是最关键的。

这些都是简单明了的规则,在纸面上很有道理,但在领导环境中可能很难记住和实施,所以要经常回顾。早上、开会之前以及准备做某些事情之前先看一下。晚上睡觉之前再复习一下。很快,它们将成为你的"第二天性"。如果你发现自己在领导的过程中有痛苦挣扎,暂停一下,再读一下这些规则,确保你遵循了这些规则。

有时,你不得不担任自己不具备相关知识或经验的职位。没关系,没有人期望你了解一切。去做就行了,你需要时间来学习。

话虽如此,虽然你不可能什么都知道,但你要尽可能作好充分准备。你要知道术语,了解团队所负责工作的基本原则,你要知道团队里每个人的名字和长相,研究能让你熟悉这个任务的所有文档。初来乍到不能作为无知或准备不足的借口。

如果你充分研究并作好了准备,你提出的问题就会很聪明并且很容易被接受。你可以要求别人展示工作项目如何运作,学习如何操作设备。你不用像实际操作人员那样熟悉设备,但是要了解操作手势,以便更深入地了解它们。与一线团队多进行互动,了解他们面临什么挑战。详细询问他们在做什么和怎么做。你对他们的工作表现出兴趣会增加他们对你的尊重,而且有助于与团队建立关系,这是领导者的目标。

如何被推选为领导者

为自己争取晋升和领导机会有一个最简单明了也最有效的方法:好好表现。做好自己的工作,努力工作。第一个到办公室,最后一个离开。主动承担别人都不想做的那些最具挑战性的工作、项目和任务,包括那些琐碎而且没有回报的工作。

要想被推选为领导者,还有重要的一点,那就是不要只关注自己。不要把当领导作为你的目标。相反,你的目标是要帮助团队赢得成功。不要觉得你要掌管一切。当有人站出来领导的时候,就做一个好的追随者。你越能够帮助团队赢得成功,大家就越希望你在这个团队里。大家越是看到你谦卑、不喜欢出风头,你就会获得越多的信任和影响力。

当然,你可能会过于谦虚。如果你不断地拒绝领导机会,总是让别人带头,这样会给人一种不想当领导的印象,会导致你无法担任领导职务。所以,正如我所说,要尽可能主动去领导,但不要把它作为首要的关注点,重点要放在帮助团队完成目标上。这种态度最终会让你被注意到,有机会成为领导者。

当你没有被推选为领导者

有时候,你没有被推选为领导者。也许他们提拔了团队中的其他人,也许他们聘请了团队或组织外部的人来领导。发生这种情况时,你可能会因为没有被选中而感到沮丧或者生气。把这些感觉藏于心中。

不要让生气和沮丧影响自己,而要借此机会对自己作一番诚实的评价,看一下你为什么没有被选中。在你完成自我评价并给了自己足够时间冷静下来之后,可以去问你的上司为什么你没有被选中晋升。当然,问的时候必须有技巧。

- 不要说:"嘿,老板,为什么我没有被升职?即使我不比你选的那个人好,至少和他一样好。"
- 而是要说:"嘿,老板,我想从你那里得到一些反馈。你知道最近有一次晋升机会,我很想升任更高的领导职务。我想知道我应该专注于什么或者怎样才能做得更好,这样在下一次升职机会到来时我能更符合条件,更好地为此作准备。"

当你接收反馈时,要认真地听取。毕竟,是你要求反馈的!人天生具有强烈的防御意识。不要开启防御模式,要去倾听,真正地聆听并尝试理解上司给你的意见。然后主动承认上司指出的你的缺点,尝试改进这些不足之处。

你还必须知道,并非所有领导者都善于提供反馈,提供直接反馈对于某些人来说很难。当你要求诚实的反馈时,你可能得不到。你可能会被告知:"哦,你做得很好,只是时机还未到。"这不一定是真话。你要记住,没有获得晋升一定有原因,所以要进行更深入的自我评估,认真挖掘并分析可以改进之处。

最后,不要对获得晋升的人愤愤不平。收起你幼稚的自尊心,给予他们支持,让他们有出色的表现,帮助他们赢得成功。诋毁他们会伤害到团队,你也会很难堪,而且还会和这个人建立敌对关系。你不能继续往领导岗位上凑,而是要远离这个漩涡。成为一个好的团队合作者,帮助团队和新任领导者赢得胜利。

冒牌者综合征

有些人担心自己还没有为担任领导职务作好准备。有些人甚至觉得自己不够资格坐在那个位子上。这些焦虑通常被称为冒牌者综合征。尽管有些人会担心出现这种感觉,但我认为这是一件好事。

如果你担心自己还没有准备好担任领导职务,说明你很谦虚。如果你觉得紧张,说明你会尽最大努力为领导角色作好准备,一旦担任领导,你会谨言慎行,经过深思熟虑才作决策。所有这些都有积极的一面。

当我在海豹突击队里担任助理排指挥官、排指挥官和作战小组指挥官时,我也总是有这种感觉。我觉得自己还没准备好或者没有足够能力去完成要求我完成的工作。指挥部下以及完成任务的重担让我不禁十分担忧自己的决策和行动能力。由于这种感觉,我加倍努力地作准备。我专注于尽可能多地学习战略、战术和领导力,我想把工作做好。

和我共事或一起接受训练的某些海豹突击队领导者却与我截然相反,他们觉得自己不仅准备就绪,而且绝对胜任这项工作。他们觉得不需要准备,不需要学习,也不需要谨言慎行。同时,他们觉得不需要听取上下级的意见。这种态度与冒牌者综合征相反。这是一种自负,它会摧毁一名领导者和一个团队。走极端和过分自信都会是一场灾难。

当然,在另一个方向上走得太远也有问题。如果领导者对担任领导职务不自信,团队的每个成员都会看到他表现出的信心不足。所以,领导者必须在过于自信和不够自信之间取得平衡。

如果你觉得自己过于自信,就退后一步,倾听别人,不要妄加判断,让下属站出来领导。如果你能意识到自己变得骄傲自大,问题就相对容易解决。

要感觉到这一点,你要知道有什么迹象预示着这种情况的发生。团队成员的态度是第一个警告信号。你强大的自尊心会与他们碰撞,引起摩擦。这样不好。你不能和团队有摩擦,这并不是说你不能接受任何抵制、建议,甚至分歧。相反,这些抵制、建议和分歧都可能引发富有成效的对话,双方可以从中学习并最终达成共识。如果你无法让他们同意你的想法,那就有问题了,而且问题可能出在你身上。如果你的团队成员想以某种方式做某件事情,那么你的目标应该是让他们去做。只要他们的计划或想法有一定的成功机会,就让他们去执行。当然,你可以提供一些指导,增加成功的可能性。但是,要保持核心计划不变,这样他们就能承担责任,而且他们的自尊心也能得到抚慰。显然,这种做法只有在你放下了自尊心时才会有效。如果你没有放下自尊心，而是把自己的计划强加给他们，他们可能会执行，但是与执行他们自己的计划相比，会显得没那么心甘情愿。

另一个要识别的警告信号是团队成员完全不抵抗。如果你过于自信而且看不起别人，就会发生这种情况。你的团队成员不会提出新想法或者建议，因为他们知道自己的建议肯定会被驳回。在你几次毫无根据地拒绝了他们的计划和想法之后就会进入这个阶段。他们认识到无法与你强大的自尊心抗衡，索性避而不提。领导者必须意识到自己是不是走得太远，过于自信了。不要让自我意识占上风。

但是，冒牌者综合征与此恰恰相反。在这种情况下，领导者的自尊心不是很强，而且信心不足。团队不尊重领导者的想法，在各个方面将其拒之门外。有冒牌者综合征的领导者往往很沉默，而且习惯往后退，恨不得隐身，但这只会引起团队成员对他更多的不敬。所以，领导者应该敞开心扉，多问问题，弄明白为什么某个团队成员在某个时间做了某件事情。另外，要求大家为某个计划共同付出，集思广益，共同推进。

对于领导者，尤其是担任新职位的领导者，还有重要的一点：你不可能什么都懂，没有人期望你什么都懂。但是，如果你表现得好像自己什么都懂，那么员工就会把你看作一个冒牌者。

如果你很谦虚，很坦诚，主动提问题，并承认自己不是什么都懂，那么你将获得来自团队的信任。

但这并不是说你获得了通行证，可以去问一些愚蠢的问题。对于领导者来说，只有一个愚蠢的问题：如果你没有花时间去尽可能多地作研究，如果你没有翻阅过手册，阅读操作说明，研究团队成员的姓名和基本背景,团队就会觉得你没有花功夫了解任务、装备和设备,以及最重要的——人员。准备不充分表明你并不真正在乎这个团队。

所以,要保持谦虚,多作研究,要提问题,要学习,而且要在过于谦虚和过于自信之间取得平衡。

同样,有些人不愿意主动接受新的领导职务,感觉自己没有作好充分准备。就像我说的那样,这很正常。如果你原本是一个谦虚的人,那么你很少,甚至永远不会觉得自己为升任领导职务完全作好了准备。所以,你必须对自己和把你提拔到领导岗位的上级领导抱有信心。你必须相信他们看到你已经作好准备,这就是他们要你站出来领导的原因。

领导者的不安全感

如果冒牌者综合征出现在领导者身上,它会非常迅速地发展成真正的不安全感,这就有问题了。如果这种情况得不到控制,领导者和团队的能力会开始出现螺旋式下降。

但是,问题的源头不是你对自己的领导能力、经验和知识感到不安全,那只是谦卑。当你不自觉地去掩饰的时候,问题就来了。你转移话题,回避问题,利用其他手段来掩饰自己的弱点。但其实你欺骗不了任何人,每个人都能看穿你。当团队成员看到你的弱点时,他们就会开始攻击你的弱点。他们攻击的次数越多,你掩饰的也就越多,这就不好了。

克服不安全感不能通过隐藏弱点,而是要谦虚地承认它们的存在。不要试图去屏蔽它们,而是要呈现出来,寻求一些帮助。解释清楚你有什么缺点以及将会如何改正这些缺点。

但一定要注意,过犹不及,谦虚并不是要你表现得无能。你应该作好准备并进行充分的调研,了解自己的弱点所在。如果发现了一个新的盲点,记录下来并找出最佳方法来加强你有所欠缺的领域。

这里有一个重要的概念要理解,谦虚与弱点合力可以让你变得更好。如果你很谦虚,敢于承认自己的弱点,就可以面对并克服它。这与直接地去隐藏或掩饰自己的弱点结果是相反的,那样做行不通。真正能够克服不安全感的方法是接受自己的不足之处,告诉团队,然后努力去改进。

从追随者和同级转型成为领导者

在很多组织中,会把一个人从同级别的员工中提拔到领导岗位,这将会是一次艰难的转型。显然,领导者与下属之间通常不会建立起同级之间那种紧密关系。

我在待过的两个海豹突击队作战排里都目睹过这种转型。每次都是一个"小伙子",即一名年轻的海豹突击队士兵被晋升为这个排的上士(leading petty officer,LPO)。海豹突击队作战排的架构是这样的:每个排设有一名排长(officer in charge,OIC),一名副排长(assistant officer in charge,AOIC),一名士官长(chief platoon officer,CPO),最后是上士。上士处于第四级。

上士通常比排里其他海豹突击队队员有更多的经验,但级别不一定比他们高。尽管如此，这是一个有权力的职位，负责把排长和士官长的指示传达给部队，是真正做事的人。

两次都是我的一个同事被晋升为上士，情况很相似。作战排刚刚组建，尚未任命上士，每次我们都想知道谁会是我们的上士。为了防止上士与作战排之前过于熟悉，上士通常来自另一个团队或者训练司令部。

第一次，当排长和士官长进来时，我们这些新进来的海豹突击队队员正坐在营房里聊天。他们把一名队员叫了出去。这个人比我们其他人更有经验，但他的级别和我们一样，也仍然是一个"小伙子"，名叫拉里。排长和士官长把拉里叫走了，让我们其他人原地待命。

所以，我们站在那里等着。

我们并不知道，拉里是被带去见海豹突击队的指挥官和指挥军士长，并且告诉他被选为我们排的上士。

大约过了半个小时，拉里与排长和士官长一起回来了。

"听着，先生们，"士官长说，"拉里被推选为这个排的上士，从现在开始将由他带领你们。希望你们给予他支持。"

"收到，长官。"我们说。

然后，拉里拿出了我们的"轮书"，一本海军内部发行的 4×6 的笔记本，开始查看需要完成事项的清单。

"好吧，伙计们，你们从士官长那里都得知我现在是上士了。对此我感到非常荣幸。这些是我们今天需要完成的工作。首先，我们要准备一份完整的武器和敏感物品清单，包括无线电、夜视仪和加密系统。这项工作做完以后，我们需要在 10:00 以前把所有齿轮放在磨床上，为下一次行动搭建好托盘。当然，这也意味着我们要完成危险材料的文书工作,这样锂电池、燃料和军械才可以运输。我希望午饭前搭建完那些托盘,这样我们在下午的即时行动演习中可以进行一些演练。我们将从 13:00 开始演练。一旦我们敲定其中一些项目,我想在 14:30 或 15:00 结束今天的工作,这样大家就可以回家了。我想让你们在出发之前有一些时间待在家里。你们觉得怎么样?我有什么漏掉的吗?"

拉里很快(仅仅用了大约 30 分钟)就进入了上士的角色并开始主持工作了。他很尊重和欣赏别人,又充满自信。他给了我们明确的指引和指示。这正是我们需要的。我们忙起来了,我们将继续为拉里和这个排完成工作,一切运作良好。

有趣的是,在大约 18 个月之后,在我效力的下一个作战排中,另一个同伴也被提拔到上士的职位。那时,我们排刚刚组建起来,我们又坐在营房的空地上,想知道上士将会是谁。一个没有被分配上士的作战排总归感觉很奇怪,因为上士是领导团队的关键一员。同样,排长和士官长把一名海豹突击队狙击手叫了出去。同样,他被带去见指挥官和指挥军士长,并并告知将担任上士。同样,这个人,他叫布莱恩,被带回来,并被介绍成为我们新的上士。

但是这次,当他回来时,情况有所不同。他没有拿出记录着清单的"轮书"来告诉我们要做什么,没有给我们注明了截止日期的计划表,没有问我们有什么想法,而是开玩笑地说:"现在轮到我来负责这些傻事。"他绝对不应该说这种话,作为一名上士,他这样去掌管团队是完全无效的。

应该指出的是,布莱恩是一个优秀的人,也是一位出色的海豹突击队队员,但是他还没有为转型成为领导者作好准备。所以,我们这个排苦苦挣扎了几个月,直到他找到领导方向,开始正确地带领团队。

但也不是非得这样,有时候不需要如此挣扎。当你从团队的一名成员转型成为这个团队的领导者时,你必须站出来领导。这不是说你要了解所有的事情,不是说你要制定规则,而是你现在作为一名领导者与之前作为一名员工做的事情必须有所不同。

- 制订计划。
- 给出简单、明确、简洁的指示。
- 保持谦卑,接受意见并倾听。
- 当然,还有领导。

最后,还有一点要强调:一旦升任领导职务,你不仅要站出来领导,还不能拘泥于细节。你不能再做那些自己过去习惯做的工作,那些你做起来得心应手的事情,而是要开始做一些自己不太习惯的事情。

作为一名领导者,你的目标应该是向上和向外看,而不是向下和向内看。所以,在走上领导岗位时,你的目标不仅是指导计划的制订,还在于监督计划的执行。这意味着领导者不应该做很多具体的事情,而是交由员工来做。如果具体的事情是领导者在做,那他就不是在领导。做这些具体事情的领导者只是向下和向内看向团队,而不是向上和向外看向未来。所以,这些事情留给员工来做吧。

当然,这并不意味着领导者不需要努力工作。领导者不能脱离员工,这样就没办法知道正在发生什么事情以及前线人员面临的问题。

当领导不能袖手旁观,也不能事事包揽。

 消除不满

在你的职业生涯中,有时你会被提升到领导岗位,级别高过以前的同级。这会有一定的挑战性,但是如果处理得当,这种挑战可以得到缓解。大多数以前的同级都会接受这种情况并支持你。但有时候,有些人会对自己没有得到晋升而感到愤恨和不满,并表现出愤愤不平的态度。

有一些方法可以缓和这种不良态度。首先,不要用级别去压他们。告诉他们你欣赏他们的经验,期待他们帮助你一起领导团队。让他们提出计划和想法,询问并听取他们的意见。如果他们提出了可靠的计划,让他们付诸执行。

有机会时,让他们负责一些工作、项目和任务,表明你信任他们,而且确实欣赏他们的经验和知识。如果他们能够放下自尊心,这种消极情绪就可以消除。

但是,也要特别注意,有些人特别敏感,当你让他们负责某件事情时,他们会觉得你高人一等,或者这证明你对自己做的事情不懂,应该得到晋升的是他们,而不是你。当他们这副不高兴的样子和不好的态度愈发明显时,你应当意识到:假设他们确实知识和经验比你丰富,他们未得到晋升可能是因为缺乏成为一名领导者应当具有的谦卑和成熟。在这种情况下,要继续保持友好的态度,尊重他们,并尝试与他们建立关系,但不要指望他们会迅速有所改善。这将会是一个漫长的过程,你必须要有耐心,还要确

保不要让他们分散你对任务或团队其他成员的注意力。

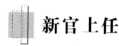 新官上任

当你在团队或组织内担任领导职务并实施变革时，可以采用多种方法。其中一种方法是强势上任，立即开始变革并将自己的意志强加于团队。还有一种截然相反的方法：先花大量时间观察，再逐渐缓慢地进行变革。在这两个极端之间，还有很多其他方法可以使用。当领导者接管一个团队时，应当使用哪种方法？

答案取决于领导者的处境。在接任之前，要尽可能多地了解任务和团队。要查看文档，了解日常运营、工作的性质以及如何完成工作。显然，对前任领导者留下来的一套东西进行彻底洗牌是最理想的。了解团队的状态，了解团队面临的挑战，掌握团队成员的性格以及他们的优缺点，这样做有助于加快进程。

在从即将离任的原领导者那里获取信息时，记住这些信息的出处以及哪些因素会影响他们的观点。他们是被解雇的吗？他们与团队成员有私人关系吗？他们的自尊心是否很强，会诋毁新领导者？无论情况怎样，一定要了解即将离任的领导者对于其离任给出的偏见或者倾向性陈述。

除了阅读与团队任务相关的文件并与离任领导者讨论工作之外，新任领导还应当在与团队见面之前尽可能了解团队中的每个人。领导者如何能做到这一点？一种最简单的方法是查看记录，找出他们在个人和集体层面上接受过的培训。事先索要一本带有团队每个成员的照片，并介绍他们的职位、技能、经历以及个

人兴趣和家庭状况的花名册。

新任领导者还必须考虑他要接管的这个团队的状态。它可能是一个高绩效组织或是一个失败的团队。但是,通常很少团队会落入这两个极端,大多数团队会介于这两者之间,所以要对方法进行调整和平衡,以适应领导者上任时候的情形。

要聪明一点。不要去改变有效的东西,但也不要去接受无效的东西。团队越好,要改变的东西就越少。团队越糟糕,就需要越多的调整。

当应用到极端的例子时,很容易看到使用的一些方法。如果我接手的是一个井然有序、态度积极、正在完成任务的团队,我会相当温和地介入。我会进行自我介绍并告诉他们可以随时找我,但我不会去发号施令,也不会把自己的方式强加给团队成员。他们已经运作得很好,建立了良好的关系,他们胜券在握。我不会去干涉一个运转良好的组织。我只是仔细观察,尽我所能了解他们是如何工作的,最后看一下是否有可以改进的地方。俗话说,"不破不修",就是指要有明智的评估,如果团队运作良好,我不会去"修理"它。

一旦上任时遇到一支表现良好的新团队,要抓住机会了解这个团队。如果时间和条件允许,安排一次与整个团队的正式会议,然后再安排与团队成员的单独会面。但是,不要只是在官方层面上互动,要在团队成员履行职责时进行非正式的拜访,参加一些会议,逐步了解团队成员和他们在做的事情。这是建立关系的一步,是建立信任和友爱的基础,也是所有团队的基石。

相反,如果我要接手一个出现严重问题的失败团队,并且知道这些问题的根源所在,那么我会采取较为直接的方法,而且会比较激进。我会研究问题所在,提出一些想法来立即实施。我会制订一个清晰的目标和新的使命,并强调一些要改变的具体事情。我将实行一些新的流程,将人员调动到不同的岗位,甚至解雇一些导致这些严重问题的人员。每个人的心中都毫无疑问地清楚过去的状况已不复存在。

如果我要加入一个存在严重问题的团队,而我对这些问题没有清晰的了解,我仍然会进行一些变革,但是这些变革不会对团队当前的运作产生影响。我将改变沟通方式,改变、增加或减少会议次数,执行新的着装要求或者进行其他良性调整,引起团队的注意,但不会干扰任何事情。我将尝试与一些高层领导、中层经理和一线人员建立关系,与他们分别进行面谈,这样我会对基本情况有所了解。我会问很多问题并结识一些人员,在各个级别寻找信任的代理人。我会很缓慢地打开这种信任,因为失败的团队往往都有痛苦的经历,而经历过这种痛苦的人可能会情绪很激动,对真实情况和他人作出虚假和误导性的陈述。在这种情况下,凡事不能全信。

一旦我得到了反馈并了解其对现状的影响,便能开始剔出有问题的地方并推断出可能存在的问题,我将逐步、缓慢而稳当地进行会产生更大影响的变革。

团队成员越好,我就越能够依靠他们,对需要改进的地方提出解决方案。理想情况下,我只需要找出问题所在,然后由他们提出解决方案。这样他们就会主动承担并执行。但是,如果团队严重不达标,虽然我会听取成员的意见,但我会更加审慎,因为他们的以往记录表明他们缺乏识别和解决问题的能力。

我还必须密切注意一个事实,即被我取代的领导者可能是导致团队出现许多问题的原因。在更换掉糟糕的领导者之后,下属可能会准备站出来做事情。有时候团队成员一旦摆脱了糟糕的领导者,他们会开始有出色的表现。我要确保不会阻碍他们。

所以,一旦我与一支高绩效团队建立了一定的关系和了解,我将开始实行渐进式变革,直到他们达到最高的效率。对于绩效不佳的团队,我会做相反的事情:从巨大的变革开始,然后随着一切开始正常运行而逐渐后退。同样,根据团队成员的进展和他们的实际表现,我会调整领导他们的方式,根据他们做的事情来调整指导、互动和指示的程度。

别太过火了,兰博[1]

你想成为一名领导者,很好,但不要用它来冒犯别人。这是什么意思?这指的是不要到处去说:"我是领导!我是负责人!听我说!我来作决定!"这种态度会冒犯很多人。这相当于在说:"看着我!我最重要!"另外,这会让你不受欢迎。兰博是一个很酷的电影角色,但是,在团队中单打独斗、不顾及别人是不可行的。"我是领导,跟着我!"这么说会冒犯到大家的自尊心。在他们看来,你可能不够资格当领导。他们甚至认为自己应该是领导。所以,向他们咆哮说自己才是领导是很不明智的。当你犯了错,或者你将要犯错的时候,他们随时会抓住你的把柄不放。

在大多数情况下,领导力应该是不易察觉的。当然,在某些

---

[1] 美国电影《第一滴血》的男主角,擅长单打独斗的孤胆英雄。——译者注

情况下需要大胆和公开的领导力。如果发生紧急情况却没有人采取行动,那么,是时候站出来冲锋了。如果士气低落,团队停滞不前,需要取得进展,那么,是时候带头干了。但是,在日常情况下,不需要公开的领导力,最好给出微妙的指示,让员工根据他们自己的想法前进。

辅导和指导也是如此。如果你想指导或辅导某人,要巧妙地行事。很多人可能会说他们想接受辅导或指导,但是当有人真正站出来去做的时候却并不顺利。因为不管怎么说,当你给予某人辅导或指导时,会隐含一些信息:不仅在暗示对方某些方面有所欠缺,还意味着你比他们强!这确实会困扰大家,特别是当他们自尊心很强的时候。不幸的是,自尊心越强的人往往需要越多的辅导。

所以,不要直白地告诉别人你要领导、辅导或指导他们,而是要运用一些技巧:

- 不要说"我来告诉你我们要怎么做",而要说"你认为我们应该怎么做?"
- 不要说"让我来教你怎么做",尝试说"你能解释为什么你这样做吗?"
- 不要说"我会指导你",尝试说"我想把你的方法和我的方法进行一下比较"。

后一种陈述都是间接的方法。这么说是在开启一段对话,打开讨论的大门,并解除采用直接方法可能导致的防备。讨论开始之后,你可以在对话中嵌入自己思想和主意。如果你的方法、技术和计划非常优秀,那应该是显而易见的,你想指导的人也更容易接受你的想法。久而久之,相比强行对他们进行指导或辅导,你可以以更容易被他们接受的方式间接地让大家朝着你的思维方式靠拢。

有时,你可能会遇到渴望你领导并真正想要得到指导的人。当然,这种时候你可以更加直截了当。但是,即使在这种情况下,也要小心。即使人们要求你给出批评意见,你真的给他们批评意见的话仍然会冒犯他们。所以,要谨慎,而且始终以较为柔和的方法开始。

那些教给我领导力、战略和战术最多的人从来没有明确地告诉我他们是在辅导或者指导我。他们以非常巧妙的方式引导我沿着这条路走,把知识灌输给我,而我却几乎没有注意到。他们无形中教会了我很多,潜移默化地把思想灌输给我,以至于我以为那些思想都是我自己的。这才是最有效的教学、辅导和指导的方式。

当我回想曾经遇到过的最好的领导者时,发现他们领导团队的方式都极其巧妙。他们很少会直截了当地下命令,精确地说明要做什么和怎么做。通常,最好的领导者不是通过命令而是通过建议来领导的。他们尽可能将自己的想法摆在那里,让我们这些下属找出哪些是最好的,然后按照我们自己的意志来实现他们的想法。这是一种非常强大的,也许是最强大的领导方式。它给团队注入了极大的责任感,因为团队成员都觉得在执行他们自己的想法。间接领导力几乎总是胜于直接领导力。

但是请注意,我说过,在某些时候,通常是在被现实胁迫的时候,需要直接领导力,因为这时必须立即作出关键决策。在这种时候,也必须要领导者站出来发指令。在犹豫不决的时刻也是一样，如果一个团队决定不了走哪条路，如果大家在围绕多个想法争论不休，那就需要领导者站出来作决策。

在这些情况下，由于领导者不是一直在为团队作决策，所以当他介入进来并下指令时，就会得到尊重。这与那些每个决策都要作，每个选择都要推动，想成为所有对话和结论中心的领导者形成鲜明对比。那种领导者的命令会因为太频繁而失去价值。

所以，作为一名领导者，作为一名教官，都不能做得太过火，不要像兰博那样。相反，要尽可能地巧妙行事，然后再进行领导。

领导力技能

 何时应该站出来领导

何时应该领导与何时应该追随之间存在着二分法。即使你是负责人,如果别人的计划给出了正确的前进方向,这很好。退后一步,让他来领导,你来做追随者。

有时候会出现领导力空白的情况,即没有人负责。糟糕的情况在逐渐显露,但是没有人采取任何行动,没有人在领导。

这个时候需要有人介入并主持局面,你会看到大家都在等待。他们在等待着被领导。当你带着一个简单的计划站出来并给出明确的指示,他们将接受这个指示并执行。

但是,事情并不总是那么简单。如果你是唯一认识到不作为的危险的人,或者唯一意识到领导力空白的人,那么团队中的其他人可能并没有等待着别人来领导。他们可能觉得一切都挺好的。所以,如果你站出来发号施令,他们可能会大吃一惊,可能会觉得被冒犯了，或者觉得你在针对他们。

所以，当你看到出现领导力空白时，可能需要犹豫一下。在我的职业生涯中，这是我作为一名领导者经常使用的战术。当然，如果有紧急的威胁需要立即解决，而没有人采取任何行动，我会立即跳出来发号施令，我会去填补领导力空白。

但是，如果问题显露的速度稍慢一些，我不会急于出来主持局面，我会让子弹飞一会儿。我会四下观望，在思想上让自己超脱出来，认真地观察事态发展。我会确认我所看到的是正确的。我会给其他人一个机会站出来填补领导力空白。如果有人这样做了，那么我将在内心评估他们的计划和他们给出的指引。如果他们给出正确的指引，我会支持他们。如果他们给出了错误的指引，我会继续思考更好的计划，以便在适当的时候进行纠正。

如果没有人迅速站出来，通常是因为没有人注意到他们陷入了领导力空白。他们不会注意到，因为他们没有把自己超脱出来，他们都专注于眼前的状况。自从练习超脱以来，对于所发生的事情，我不会让自己陷入细节。我的思想在另一个地方，从虚拟距离看着场景逐渐显露，这样我能够更快地发现问题。

这仍然不代表我会马上站出来。我会让子弹飞一会儿，让领导力空白停留更长的时间，让其他人都开始注意到它，意识到现况有问题。随着时间推移，现在其他人都知道出了问题，此时我再就如何解决问题下达命令，他们会听从并执行。

在看到出现领导力空白以后要先稍作停顿，还有一个原因是要确保没有其他人站出来。如果两个人同时介入来填补领导力空白，就会起冲突。然后，他们试图解决的问题会变得越来越严重，必须花费宝贵的时间来梳理清楚到底应该由哪个人来领导，哪个人退居二线。如果这时自尊心发生冲突，就会出问题。

我会尽力避免这种情况。如果有人要制订计划，我无所谓。所以，当我看到领导力空白时，我会停下来环顾四周，观察是否会有其他人要站出来领导。这个时候，问题愈加严重了。很快，每个人都注意到出了问题。我看到这种情况就会选择介入，然后发出指令。每个人都知道必须要发这个指令，每个人都在等待这个指令。这时基本上我发的指令大家都会听从。

介入之前在战术上稍作停顿还有一个好处，那就是在最后一点时间里，让事情再继续发酵，这样你发出的指令会更好。停顿可以让你更加清楚地了解问题和思考解决方案，切中要害，给出正确的指示。这样大家都会服从你的领导。

领导力空白还有一个相反的情况，那就是有太多人尝试去领导。每个人都想提出自己的意见或建议，并在决策时发表高见。这会阻碍决策进程和领导者的领导。

战场上也会发生类似的情况——士兵们扎堆。这样不好，因为如果士兵们扎堆，那么只需要瞄准一枪，仅仅一枪，聚集在一起的很多人就会死伤。这一枪可以是任何类型的弹药：一颗子弹，一发迫击炮弹，一个火箭弹，甚至是一个简易爆炸装置。

为了防止这种情况发生，我们在军队里被教育要分散。分散指的是散开，在你和团队其他成员之间保持一定距离。"不要扎堆"，这是给在训练过程中陷入困境的作战排的一句最常见的批评。这看起来似乎很简单，但实际上却很困难，因为有一些强制性力量会把人们召集在一起。

第一种力量是心理安全。当我们感到害怕时，如果附近有一个人，可能会让我们感到些心理安慰。由于大多数人在潜意识中寻求这种心理安慰，不用多久，三四个、五六个人就会聚到一起。一旦人越聚越多，大家扎堆在一起，就都会处于危险之中。

第二种让人们聚成一团的力量是机会。提供掩护和藏匿的区域通常很有限，而且由于掩护和藏匿区域能提供安全和保障，所以大部分士兵都希望待在这些区域里。所以，这些区域会很拥挤，士兵们会在这里扎堆。

让人们彼此靠近的最后一种力量是想要知道、看到和听到正在发生的事情以及与团队中其他人进行交流。这意味着当一个人停下来时，大家会围上去进行面对面交谈。

所以，在战场上有很多力量会导致团队像一个兽群一样被一枚子弹或炸弹屠杀。只有了解了人们的这种倾向并进行反复训练，才能克服人们扎堆的本能。

"不要扎堆"也可以应用在领导力上面。很多人喜欢簇拥在领导者周围，侵入他们的精神领地，最终触犯他们，削弱他们的权力，并通过干扰领导者来贬低团队的能力。在领导者周围扎堆会伤害到团队。

我们想聚成一团并干扰领导者，这主要是我们的自尊心在作祟。很多人都有内在的想要去负责的渴望，我们想作决策，想要变得重要。当我们不是负责人时，自尊心就会受到伤害。为了支撑我们的自尊心，我们开始尝试侵犯领导者，去证明我们才是应该作决策的那个人。

我们也经常认为自己的想法是最好的，这还是我们的自尊心在作祟。我们只想说，却不愿意听。我们不让领导者有时间和空间来作决策，而是用自己的想法去轰炸他们。我们不支持领导者，而是与他们碰撞并造成破坏。

即使我们的自尊心得到了控制,我们仍然希望对团队作出贡献并有所帮助。我们会将自己的想法强加给团队,如果是在"执行比想法更重要"的情况下,这样做根本没用。

所以,走开一步。不要用欺骗的手段将自己的想法和计划加给团队,在领导者旁边聚成一团,这样做于事无补。相反,要给领导者空间去领导,不要聚成一团。

不要对人不对事

这一条显而易见,但是我总是看到有人对人不对事。对待任何事情都不要对人不对事。要做到这一点很难,你必须与你的自尊心作斗争,来避免对人不对事。即使人们要求你提出批评意见,当他们真正听到批评时,经常也会生气。不要让你自己也那样。不要把批评当成针对你个人的。

不关乎你提出的计划。

不关乎你拥有的想法。

不关乎你给出的建议。

不关乎你作出的决策。

即使当你最大的竞争对手、那个你最不想从他那里听到什么的人有话要说,也要认真地倾听。

即使你认为某个人的水平与你相差甚远,甚至不具备给你提供反馈的知识、职位或权力,他如果有话要说,也请你努力听完。把自己超脱出来,以一种客观的心态倾听他们说些什么,看看你是否可以从中学到点东西,然后应用它,并说声谢谢。我知道那样很痛苦，但千万别自以为是。

这需要你有谦卑的态度，它会让你变得更好。

不要固执己见

众所周知，乔治·巴顿将军告诉他的部队不要固守，要前进、前进再前进。如果你掘壕固守，就无法前进。

从领导力的角度来看，巴顿将军这种"不要固守"的理念在实践中转化得非常好，我一直将它牢记在心。当你有一个主意、想法或意见时，不要固执己见。这意味着不要沉迷于自己的想法，保持开放的心态，给自己留一条出路。

当我在海豹突击队中担任领导职务时，脑海里总是浮现很多不同的想法：如何执行一项任务，使用什么计划，哪种策略最好。与很多组织一样，我们似乎在任何事情上都无法达成一致意见。但是，我们可以假设，当不同的人有不同的想法时，人们几乎总是最喜欢自己的想法。也许是因为自尊心，也许是因为自豪感，或者仅仅因为能比其他人更清楚地看到自己的观点。这种情况不是海豹突击队特有的。在所有组织中，人都是这样的，他们会认为自己的想法才是最好的，然后为此争论不休。

争论通常不是件好事，这意味着浪费时间而无法取得进展。更糟糕的是，人们争论的不是最好的想法，而是自己的想法。最可怕的是，人们不仅认为自己的想法是最好的，而且还固执己见去捍卫它，不作任何让步。他们从不退后哪怕半步，承认自己的想法并不是最好的，他们不会改变主意。转换成战术术语来讲，当人们固执己见，捍卫自己的想法时，他们不仅无法推进自己的想法，而且也无法回旋和改变想法。他们被困在其中不得动弹。

在一个海豹突击队作战排中，我经常在一些领导者身上看到这种情况。他们会提出自己的想法或计划，然后固执己见来捍卫它，没有丝毫妥协的余地。令人震惊的是，几个小时毫无结果的争论从来不是围绕着最好的解决方案，而是围绕着领导者自己的解决方案。领导者常常把自己陷入困境，最终他们别无选择，只能命令下属遵循他们的计划。

如果固执己见的人不是上级，而是下属，最终上级会命令他们朝着与他们自己的想法不同的方向前进，而他们在浪费了大量的时间和精力之后，心不甘情不愿地去执行。

我一直在避免这种情况。我很少固执己见，或沉迷于自己的想法、计划、观点。当有人持相反观点时，我不会去想方设法证明自己的观点更好。相反，我会去看哪个观点实际上更好。如果我的观点不好，我就承认并接受对方的观点。如果这些观点差不多，我会顺应他们的观点，这样他们能够主动承担责任。如果我的观点好得多，那么这种差异通常很明显，足以让持反对意见的人觉得他们错了。而我永远不用承认自己错了，因为我从来不声称自己是对的。

在极少数情况下，我会固执己见。其中一种情况是，当我100%确定自己的观点正确的时候。由于几乎不可能100%地确定某件事，所以这种情况几乎从未发生过。另外，如果涉及非法或不道德的活动，我也会固执己见。

最后，如果有人想违反基本作战法则，我会坚持到底。即使在这些情况下，我也会尝试给自己留出一些回旋余地，因为，不能让自己处于无法摆脱的困境。

除非别无选择,否则不要固执己见,即使那样,也要尽量为自己留出一些回旋余地。

当然,从战术的角度来看,虽然不固守是个不错的建议,但是如果你在战场上停止不前,或者你决定坚守某个阵地,那确实应该固守。如果在战场上,不管出于什么原因,你无法移动,那么就应该巩固自己的阵地。这也同样适用于领导力情境。如果你遇到极其少见的情况,必须捍卫自己的地位,那么请确保你可以稳固地捍卫自己的地位。

迭代决策

"要果断!"领导者经常被这样告知。我多次听说海豹突击队的领导者因为决策速度不够快而受到斥责。有时候,我也出于这个原因斥责队员。在很多情况下,这是一个很好的建议。优柔寡断会使严重的情况变得更糟。在海豹突击队里,优柔寡断通常被称为"分析麻痹症"。这指的是领导者对发生在他身边的事情不知所措,无法决定该做什么。这种情况会在任何领导力情境中发生,而且很不好。如果你不作出行动,那么敌人就会作出行动,让敌人先行动就会让他们占上风。

当然,还没有完全了解正在发生的事情就急于作决策也同样糟糕。例如,遭到敌人少量炮火攻击便立即决定进攻。如果你让战况继续发展,可能后面会发现这些炮火只是敌军的诱饵,诱使你的队伍进入一个类似于地下通道的杀伤区,然后把你们全部歼灭。在这种情况下，草率地下令进攻显然是不正确的。

作为一名领导者，你必须学会让子弹飞一会儿，让事情发展到足以让你清楚地了解正在发生什么。除非你对正在发生的事情有较全面的了解，否则，此刻就决定让团队去做什么是愚蠢的。

但是，这并不意味着你不作任何决策。在这种情况下，当我不确定具体情况或没有掌握足够的信息来作出清晰的决策时，我会采用迭代决策的方法。我会先查看情况，然后作出一些小的决策，朝着与我对情况的猜测一致的方向前进，但是不会投入过多。

举例来说，假设你们排的任务是袭击一栋疑似有叛乱分子居留的建筑物。这个叛乱分子已经活动了几个月，这是第一次探测到他可能停留的位置。怀疑他停留的目标建筑物距离你的位置300英里。由于可能会使用地对空导弹保护目标建筑物，你被告知不能使用直升机进入目标建筑物。这意味着你们排必须开车到达目标建筑物。到达目的地大约需要五个小时，返回也需要五个小时。还需要几个小时对目标建筑物进行最终侦察和清场。你们要在一个晚上完成整个任务，因为你们具有夜视能力，黑夜可以让你们隐身并占上风。所以，你需要在日落之后出发，确保有足够的时间到达目标建筑物，击中目标，然后在日出之前返回基地。

这里有一个重要的问题：你还不确定叛乱分子在建筑物内，只是怀疑他在那里。你必须记住，当你的部队行驶在路上时，他们会受到被敌人的简易爆炸装置袭击或被伏击的威胁。仅凭怀疑就冒这么大的风险，所以你不应该立即承诺拿下目标。相反，你应该让团队花几个小时制订计划。你还要告诉他们，可以在沿途的友军前线作战基地多停留几站，以便他们在规划线路时能够更好地评估目标。

在日落之前,你们排要为计划做简报,并向情报部门了解有关叛乱分子位置的信息。如果怀疑今晚他还在目标建筑物内,你们将继续行进,但是不要直达目标地,而是行进至距离目标建筑物200英里的一个前线作战基地。到达那里之后,你们再次核查情报并查看疑犯的位置。至此,你仍然没有完全承诺执行这项任务,但是如果情报显示疑犯将在目标位置过夜,你们将继续行进。然后,当你们行进100英里之后,再核查一次。最后,在距离目标仅12英里的最后一个作战基地停留。如果在任何时候,情报显示叛乱分子不在目标建筑物内,你可以暂停、评估并返回。这样做可以降低你在队伍安全方面承担的风险,以及在烧毁目标建筑物方面承担的风险——这也意味着会让敌人意识到这个位置对他而言并不安全。

毕竟,如果你击中了目标而敌人不在那儿,那么他返回这个地方的可能性几乎为零,而你将错过未来在此俘获他的机会。但是,通过以较小的、迭代的步骤作决策,向目标迈进,你可以降低这种情况发生的概率。

迭代决策与果断决策是完全相反的理念,但是如果你一听说敌人可能在目标建筑物内,就立即果断地命令团队出动并攻击目标建筑物,无法想象情况会变得多糟糕。在600英里的行驶中,你的士兵有遭到敌人袭击的风险,而且有可能要冒险销毁目标才能进行后续行动。

因此,在需要果断的时候果断地作决策,但是不到万不得已尽量不要作决策。尽你所能,通过所掌握的信息评估正在发生的事情,然后以最小的承诺作出较小的决定,朝着你猜想最可能正确的方向前进。

权力下放还是懒惰授权

权力下放要求领导者将任务和权力下放给其下级领导，下级领导再将这些任务和权力下放到一线领导和员工。实际上，我经常说，如果一名领导者想掌管一切，那么他就应该试着什么都不要管。只有当领导者什么都不管的时候，只有当他把所有行动授权给其下级领导时，领导者才能真正地去领导。当你忙于指挥和管理下属能够处理的次要任务时，就无法带领团队朝着战略方向前进。因此，领导者必须进行权力下放，让下级领导来领导团队。

但是，当领导者将任务、项目和权力下放给下级领导时，看上去像是老板自己什么事情都不想做。权力下放到哪个程度，团队会认为上级很懒或者不想为艰巨的工作、任务或项目负责？

这确实是一个问题，但是用一些简单的方法防止出现这种情况。首先，如果你感觉到团队可能认为你在回避艰巨的任务或工作，那么你就负责最具挑战性的任务给他们看。要树立榜样，身先士卒。

如果你听到下属对分配的特定任务有所抱怨，这种方法也同样适用。如果发生这种情况，你只需要把任务接过来："哦，你不想做这个是吗？好的，我来做。"

抱怨者很快就会意识到，如果他们将工作交给你，他们就会失业。这也会伤害到他们的自尊心。当他们把一项工作交给你时，他们将失去对它的控制权，放弃承担责任，而这样做，他们会赋予你更多的责任。这会伤害到他们的自尊心,从而改变他们的态度。

但是,有时候他们的态度并不会改变。他们可能只是让你接手他们的工作,因为他们不想做,他们很懒。也许他们不介意放弃责任,因为他们不想为任何事情承担责任。也许他们没觉得这对他们的自尊心有任何影响,因为他们对自己的工作没有任何自豪感,他们完全不在乎。如果你从团队成员那里得到这样的反应,很显然他们不想干这份工作,也没有投入精力去好好表现。所以,你要开始找人代替他们,然后把他们撤职。

要防止给员工留下授权是想回避艰苦工作的印象,还有一个方法是你要亲自承担一些最艰苦的工作。要去干一些脏活、累活,去清洁污垢,弄脏你的双手,完成最让人厌烦的工作。这些工作不能花费大量时间,不能让它侵占你用来向上和向外看的重要时间。显然,你不能把所有时间都花在这种工作上,但是你要表明自己很愿意做这些工作,以此消除团队成员认为你授权是为了回避艰苦工作的想法。这样做还能显示出你的谦卑,增加他们对你的尊重。

快捷键

主动承担,尤其是承担艰巨的任务,并不意味着为你的团队或下级领导包办一切。如果你做的太多,就有可能成为他们的"快捷键"。

这是什么意思?这意味着,即使是难度最小的问题,团队成员也希望你帮他们解决,这样他们的工作和生活就会变得轻松。

尽管领导者需要偶尔介入并解决问题,但是如果这变成你的默认模式,而且团队开始期待这种模式,那么将最终对团队造成伤害,因为你在不断地向下和向内看,而不是向上和向外看。在你应当着眼于战略构思并确定下一步应该采取什么行动时,你却在专注于战术级别的问题。

更糟糕的是,你将阻碍团队和团队成员的集体成长和进步。他们将无法学会思考,只会向你寻求解决方案。这将阻碍他们自己作为领导者的进步与发展。

当我担任作战小组指挥官时,我是小组内经验最丰富的军官。作为一名海豹突击队队员,我不仅组织过各种海豹突击队高级训练,还进行了六次海外部署,其中包括作为一名海豹突击队作战排指挥官,在伊拉克进行数十次针对敌方人员的直接行动任务。作战小组中的其他军官仅完成了其中一部分任务,所以我对计划和执行直接行动任务的理解能力在其他初级军官之上。他们知道这一点,所以当我们完成为部署作准备的训练周期,需要计划一个训练任务时,他们经常来询问我应该怎么做。

在前几次他们询问我的时候,我根据自己得到的经验和教训给他们一些想法和指引。但是没多久,我就开始告诉他们:"你们自己先想一下,有了好的计划就来找我。"起初,他们在向我介绍自己的计划时显得很紧张,可能以为我会粗暴地打断他们,为糟糕的计划而严厉责备他们。但是,他们很快意识到,我并不想责骂他们,我一直在设法教他们。当他们向我介绍自己的计划时,我会告诉他们这些计划有哪些不足之处,并指出战术上不合理的地方。然后,他们会更正这部分内容,制订出更好的计划。久而久之，在训练周期内计划了数十项行动之后，他们对如何制订任务计划有了深刻的理解。等到我们去海外执行任务的时候，我已经不用再担心他们制订的计划了，因为他们的计划甚至比我的更好。这样我可以集中精力关注整体行动的情况，与其他友军单位解除冲突，并确保我们能够正确地支持上级单位的总体目标。

我之所以能够领导，是因为我手下的人学会了如何做自己的工作和我的工作。这样一来，我就可以向上和向外看，而不是向下和向内看。不要阻碍团队成员的成长，不要解决他们请求你帮忙的每一个问题，不要成为"快捷键"。

评判名声

作为一名领导者，无论你是要接手一个团队，还是有新成员加入你的团队，或者你将与其他团队的人合作，你都会不断地被介绍认识新的人。无论哪种情况，那些被介绍给你的人都会有自己的名声。他们的过往将推动他们前进。他们通常会有书面（或虚拟）的评估记录，包括以往的表现和受到的奖惩。

作为一名新的领导，不要根据你所听到或看到的内容来评判他们，尝试保持开放的心态并自行作出判断。这并不是说你无须考虑一个人的以往经历，而是要认真阅读，仔细聆听，记录下来。但是，要给这个人一个全新的开始。

在你记录并研究了他们的以往表现之后，你可以对看到的事情进行更快的评估。如果你知道一个人有迟到的记录，而且你看到他上班迟到了，你会立即知道这的确是一个问题。如果一个人有情绪化的记录,而你看到他变得情绪化,那么,已经确认了,问题的确存在。

但是,如果有人的履历或记录上出现一些负面内容,请给他们一个机会——可能他们的上一任领导是一个恶魔,可能他们因为没有经验才无法胜任,可能他们犯了一些不成熟的错误。如果一个人得到机会并得到适当的领导,所有问题都能迎刃而解。做好你的工作,当好领导者。

随大流

作为一名领导者,我总是喜欢让团队中那些干劲十足、积极进取并且充满激情的人去完成工作。与凡事需要我推一把的人相比,我更喜欢这种需要我拉住的人。我不仅在当领导的时候喜欢这样的人,即使我在团队中还是一名涉世未深的新兵时,我也喜欢那些积极进取的成员。

但情况并非总是如此,不是每个人都喜欢积极进取。热情高昂实际上会冒犯到上下级。这通常与自尊心有关,但也有其他原因。我在第一个海豹突击队作战排中做新兵的时候了解到这一点。

作为一名新手,我的积极性非常高。我想尽可能地刻苦训练,为战争作好准备。可那是1992年,没有战争发生。第一次海湾战争在6个月前就结束了,仅持续了72个小时。在越南战争中,海豹突击队赢得极大的声誉,我也因此想成为一名海豹突击队队员,但这场战争20年前就结束了。这是一支处于和平时期的海军部队。

但是，当时我还年轻，设想着自己的战争即将来临，我想为此作好准备。所以，我做的事情与海豹突击队第一分队的其他人有些不同。我每天很早上班，在进行团队体能训练时穿着笨重的靴子而不是跑步鞋。在穿越障碍物时，我的背囊里装着一只40磅重的沙袋。我戴着网具独自进行夜间海泳。我试着做每件事情都比正常要求的难度高一些。我认为这样做很正确，毕竟我在为战争作准备！

不幸的是，我的态度并没有得到排里一些老兵的赞赏。当然，其他认识我的新兵理解我的态度，因为他们和我一起经历了海豹突击队基本水中爆破（Basic Underwater Demolotion/SEAL，BUD/S）训练，他们知道我的热情刚刚被点燃。但是，有些老兵认为我做的有点过头了。在海豹突击队里待了六七年甚至十几年之后，他们深知作为一名海豹突击队队员，表现不是冲刺，而是一场马拉松。他们知道必须注意和缓解膝盖、肩膀、脚踝和背部的额外磨损。他们知道我们将开始接受长时间巡逻、跳伞、速降、潜水等有高度身体要求的各种艰苦卓绝的行动——"诊断检查"。对于那些已经进行了多次"诊断检查"和部署的人来说，身体要求会更加高。但是，对于刚完成海豹突击队基本水中爆破训练的新兵来说，我们很健康，随时准备冲锋陷阵。而在我看来，我正试图将训练提升到一个新的水平。

不久，我开始听到一些有经验的家伙抱怨。他们的一些评论让我认识到，他们对事物的看法与我完全不同。"兰博来了"，或者，"看这个硬汉"。起初，这些话听起来像是在开玩笑。但是，他们的语气变得越来越强烈，不久之后，我意识到他们不喜欢我这么做。

现在,对我来说,评估形势并归咎于他们非常容易。我原本可以对自己说:他们怎么回事?我工作特别努力,是他们太弱了,我才是团队骨干,比他们要强得多。我在准备应战!这些家伙应该像我一样努力为战斗作好准备。实际上,我还能依靠这些家伙吗?

作为一名年轻的海豹突击队队员,在完成"世界上最艰苦的军事训练"后仍然充满信心,我可以轻松地为自己的行为作出合理的解释,同时贬低排里的其他成员。特别在我们排里,一些老兵的身体状况没那么好,他们当然不想做额外的体能训练!他们有些弱,我很强壮。他们一定被我吓倒了!他们的自尊心太强了,无法接受像我这样的新兵加入并追赶他们!

但是,我从他们的角度来思考这个问题:我是谁?我是一个新人。我以前从未参加过军事部署。我以前从未经历过"诊断检查"。我有什么资格来评判他们?我知道什么?

然后,我从团队的角度来思考这个问题:我们是一个排,我们应该是一个团队,一起合作。而我在这里与团队疏远了。我和排里一些老兵的关系有了裂痕,这是不对的。这样破坏了我们排的团结,对作战准备造成了负面影响。

所以,你知道我后来做了什么,我退缩了。我在私人时间里做一些额外的训练,但是当我和排里其他人在一起时,我试图表现得和他们一样。说穿了,我随了大流。

这是没人想听到的:我只不过是随波逐流了。大家认为约克是团队骨干,他绝不会屈服于团队的弱点。但是他们错了,如果我坚持,如果我"永不屈服",那就意味着我觉得个人感受比团队重要。那就意味着我不能放下自我意识，屈服于自己，顺应团队的所作所为。这等于向全世界宣布，我个人比团队更重要。显然这是错误的态度。

毫无疑问，在一个团队中，最重要的是团队。现在有些人可能认为这样做很弱，但其实不然。团队存在是为了完成任务。团队内部越团结，就越有能力完成任务。如果我在团队中引起分歧，将损害我们完成任务的能力。

不仅如此。假设我们排里的一些人的身体并不是最佳状态。如果真是那样，我当然希望他们的身体状况能够变得更好。为此，他们必须开始更加努力地锻炼。但我怎么能让他们开始锻炼呢？我是排里职位最低的，不能命令他们做任何事情。我必须找到另一种方式，那就是去影响他们。为了影响他们，我必须与他们建立关系。如果没有关系，我就没有影响力。如果没有影响力，我就无法让他们做任何事情。我学到了重要的一课：如果我不在团队里，就无法改变团队。但是，如果我在团队里，我可以去推动，可能进展不如我想的那样快，但我至少可以朝正确的方向推动。

要融入团队，不能表现得太激进。不要脱离团队，要成为它的一部分，为自己赢得影响力。

这是否意味着你要委曲求全，凡事都与团队成员保持一致？绝对不是。你应该保持自己的独立性以及独特的个性和世界观，只要确保你的个性不会干扰到你在团队中建立关系即可。

但是，如果这个团队没有做任何违法或不道德的事情，却在做一些对完成任务的能力有负面影响的事情该怎么办？如果团队成员对领导或任务本身的态度不正确怎么办？

同样，固执己见并与团队建立对立关系不是最好的方式。如果你疏远团队成员，他们不会听你的，所以要与他们拉近关系。要与团队成员建立一定的关系，这样他们才会听你的。你们的关系越牢固，听你话的人也就越多。

为了建立关系，你可能不得不作出一些妥协，并非完全的妥协，但要足以建立关系。

"这个任务很愚蠢，老板也很愚蠢！"有人可能会对你说。

如果你回答："不。这个任务很棒，上司也很棒！"这个人可能不会再听你说任何话了。即使他们听，也只会抓住你所说的一些话去反驳你。这段对话进行不下去了。

让我们来看另一种截然不同的方法：

"这个任务很愚蠢，老板也很愚蠢！"你的同事告诉你。

你回答："你说得对，就是很愚蠢。这是我参加过的最愚蠢的任务。我不敢相信老板会让我们做这个！"

你向同事明确地表示了声援，但却与团队的使命背道而驰，说出这样的话就覆水难收了。这样说表明你也对老板和公司或者单位不敬。虽然不尊重或者贬低老板或上级是一种廉价而简单的建立关系的方式，但同时也会损害你的人格。所以，在谈论你的领导和他们给予的指示时要格外小心。这并不是说你必须承担去捍卫他们的责任，尤其是在他们的行为失范的时候。即使那样，表达不认同也要有技巧，不要在他们不在场、不能捍卫自己的时候趁机诋毁他们或者他们的愿景。这不是一种好方法。

尝试采取一种更谨慎的方法。你可以巧妙地同意同事的说法，但与此同时要让它变得柔和，开启另一段对话，这样你可以推着他们朝更好的方向发展。当你的同事说"这个任务很愚蠢，老板也很愚蠢"时,与其选择一个极端,完全不认同他的说法,或者选择另一个极端,完全附和他的说法,不如给一个折中的回答:"嗯,很难从我们的角度去理解这个任务。你觉得领导层为什么要我们执行这个任务呢?"

现在,你和同事需要讨论一些事情。如果讨论的时候双方礼貌、客气,将有益于彼此关系的发展。此外,这种说法提出了一个问题。它要求你的同事描述他认为为什么要执行这个任务。答案将让你更好地了解他的立场,这样你可以更好地反驳他,并让他参与到任务中来。

随着你与小组成员建立更多的关系,进行更多平衡的对话,你将能够对他们施加越来越多的影响。这样做你才最有可能不通过与团队的正面交锋,而是通过赢得他们的信任从团队内部间接地改变他们的想法,帮他们摆正方向。这与采取激进的态度并正面攻击团队的信念截然相反。后者只会让你被团队孤立,无法以任何方式影响团队的发展方向。所以,要保持平衡,要建立关系,去领导。

 一切都好(但又不那么好)

坏事将要发生。一旦它们发生了,领导者要保持积极的态度,从坏中看到好。

- 我们想要的那笔资金被否决了吗?好吧,我们要学习如何提高效率。
- 我们计划好的任务被取消了?好吧,我们有更多时间作准备了。

- 我们即将签约的客户跑掉了？好吧，现在我们可以专注于与其他客户建立更好的关系。

不管出了什么问题，在挫折中总能找到一些好的机会。消极的态度会在整个团队中蔓延，积极的态度也会感染整个团队，所以领导者要保持积极的态度。

但是，领导者的态度也不能过于积极。如果团队从领导者那里听到的都是积极的信息，那么领导者会成为一个盲目乐观的人，无法看到真实情况。所以，领导者必须在现实与积极性之间作好平衡。

- 我们想要的资金被否决了？好吧，我们要比想象的多花一点时间，但至少现在我们可以简化流程并尽可能地提高效率。
- 我们计划好的任务被取消了？好吧，这并不理想，但至少现在我们可以演练一些细节，作更多的准备。
- 我们即将签约的客户跑掉了？这不是我们想要的，但这确实让我们有机会专注于一些其他客户，与他们建立更牢固的关系，最终将为我们带来更多的生意。

这些较为慎重的回应能与团队产生共鸣。如果他们认为你对局势带来的挑战视而不见，你将失去信誉。

所以，尽管要对发生的事情保持积极的态度，但也不要忽略问题，不要掩饰自己面临的考验。要积极，但也要现实。

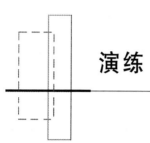

演练

用领导力进行教学和培养

当一个人被安排在领导岗位时,他们的视角会发生变化,而新的视角会让他们发现自己在行为方式上有什么错误。所以,让员工担任领导职务是我应对各种领导力挑战的一个最常用的方法。在教授和指导员工方面,有很多问题我都采用同样的解决方法——让这个人担任领导职务。领导力是解决各种问题的一剂良药。

 修正消极态度

当我还是一名年轻的军官,在海豹突击队一个作战排任助理指挥官时,我和另一个排的一名助理指挥官交好。有一天下班后,他向我抱怨自己排里的一名海豹突击队队员。实际上,他并不是真的在抱怨这名海豹突击队队员,而是在寻找解决方案。这位特别的海豹突击队队员似乎有很大的潜力,他非常聪明,有魅力,也是一名出色的运动员,可以算是一支绩优股。他已经经历过一次军事部署,所以不是新手,而且他所处的岗位应该能对这个排产生一些积极的影响。但事与愿违,他给团队带来的却是消极的影响。他一直图省事,对他们正在进行的训练有诸多抱怨,对所有事情一直持消极态度。因为他聪明、身体健壮,而且有魅力,他这种消极的态度很容易影响到排里的其他一些成员,他们的态度也开始变得有点消极。这个情况不妙。

　　我认识这位态度不端正的年轻海豹突击队队员,但跟他不是很熟。我曾在团队中见过他,我们一起参加过一些海豹突击队的聚会。他的态度都写在脸上,自以为很酷,目空一切,经常表现出对什么都不在乎。显然,他不是一个容易领导的人。

　　这位助理排指挥官不确定应该怎么做。他、排指挥官和排长几个月以来一直在尝试改变这个人的态度,但都没有成功。他们口头劝告过他,没什么改变;给他分配周末工作,让他"思考"一下自己的态度,但是也没什么帮助;甚至给了他书面警告,但这又似乎把问题变得更加严重了。这位助理排指挥官已经无计可施了。我的建议让他眼前一亮。

　　"让他负责。"我告诉他。

　　"什么?"他回应。

　　"让他负责。"我缓慢而清晰地说道。

　　"让他负责?"这位助理排指挥官再次问道。显然,我的建议让他一头雾水。

　　"是的,让他负责,让他承担一些责任。你告诉我他很聪明,

第二部分　领导力战术

而且很有魅力,听起来这个人才有点浪费了。他可能没有经受挑战,所以觉得很无聊。这可能是他态度不端正的原因。不要对他置之不理,让他去负责某件事情,让他冲到前面。"

这位助理排指挥官对我说的建议不置可否,但他也没有更好的主意。"好吧,"他说,"我试一下吧。"

我们回到自己的排里继续工作。我带着我们排外出进行了几周的训练,回来后,这位助理排指挥官又来找我了。

"你最近怎样?"我问他——完全不记得我们曾经就他排里这位海豹突击队队员的态度进行过谈话。

"不好。"

我不知道他在说什么。然后,他继续说:"他变得更糟了。"

我想起了我们曾经的对话,感到很惊讶。

"真的吗?"

"真的。我让他负责,让他承担一些责任,可是他的态度变得更加消极了。"

这让我感到十分惊讶。这一招在我过去的工作经历中一直奏效。当我还是一名年轻的海豹突击队队员时,我在海豹突击队第一分队训练部门担任教官。每次当参加训练的海豹突击队队员态度有问题时,我们就让他来负责一项训练任务。责任的重担几乎总是足以把一个人调教好,或者至少迫使他朝着正确的方向前进。

责任也对我起到了同样的作用。当我在第一个作战排时,被安排在主通信兵的岗位。这对于一个没有经验的新手来说很少见。通信兵有很多职责,不仅要准备无线电,还要在制订任务计划时提供详细的信息。对于一个新手来说,这是一项重任,我感到很有压力。这种压力让我摆正了态度。相比躲在后面事事都依赖资深的通信兵,这让我更加努力地工作,作更多的准备,而且更加认真地对待工作。

在我效力的第二个作战排里,责任的作用变得更加清晰,特别是在其他年轻士兵和我受到排指挥官的信任,负责制订计划和开展行动的时候。我们所有人都加倍努力,态度积极,并随着肩上责任的增加而成为更好的海豹突击队队员。

我不明白为什么这一招对另一个排里的人没有用。

"真的吗?这很奇怪。"我说。

"真的。实际上,他的态度更消极了,而且几乎是一瞬间的事情。我一让他负责某项工作,他的态度就变得更糟糕。"

这让我感到很困惑。一个有智慧、有魅力和运动能力的年轻海豹突击队队员,怎么可能不想成为领导者?这实在是不合常理。突然,我想到了一点,问这位助理排指挥官:"等一下。你让他负责什么工作?"

"我让他负责每天清扫营房外面的浴室和倒垃圾。这些任务都没什么难度!"他回答。

我摇了摇头。显然,我之前没有把话说清楚。

"不!"我说,"我很抱歉,因为我没把话说清楚而导致发生了这种情况。你要让他负责重要的事情,重要而且对他有挑战性的事情。难怪他的态度变坏了!你让他负责打扫浴室?这是让那些做错事情的新兵做的,而不是让像他这种有经验而且有很大潜力的家伙做的!我的意思是,你要让他负责一次训练或领导一次训练行动。"

这位助理排指挥官面无表情,他马上知道自己犯了一个错误,所以这个年轻人的态度变得更糟了。对于一个有经验的人来说,打扫浴室不是一次领导的机会,这是一种惩罚。这位助理排指挥官摇了摇头。

"现在我应该怎么做?"

"把他从浴室的工作岗位上撤下来。告诉他,你认识到他的潜力远不止于此,告诉他你要他加倍努力。让他负责执行一项任务。"

"好吧,本周我们将进行几项战斗潜水员全任务特训,我可以让他负责其中一项。"

"很好。"我回应他。全任务特训是由一个排从头到尾计划和执行的训练任务。战斗潜水员是我们在海豹突击队里用于描述潜水行动的术语,通常是潜入一个港口,在目标船上埋设地雷,然后继续潜回到撤离点。这对那位海豹突击队队员来说将会是一个挑战,但我相信他可以应付。这位助理排指挥官同意试一试。

用不了多久,我就可以得到反馈。几天后,这位态度有问题的海豹突击队队员被任命负责一次全任务特训行动。我碰巧看到他在团队中走来走去,看上去和以前不一样了。他专心于自己的工作,看起来果断而坚定。

和那位助理排指挥官在走廊上遇到时,我问他:"情况怎么样了?"

"很好。"他回答。

第二天,这位助理排指挥官来到我的办公室向我汇报。

"简直难以置信。"他进门时说道。

"什么?"我问。

他回答:"他的态度发生了180度的转变。"

"很高兴听到这个消息。"我告诉他。

"还不止这些。他做得很好,相当出色,他负责整个行动的计划和执行。我以为他需要很多帮助,但是他自己全部把这些工作完成了,只是问了排长和我几个问题,仅此而已。我感到很惊讶,尤其对他的态度印象最深刻。虽然他不负责执行下一项行动了,但仍然会给下一个人提供支持。这个方法效果很好,谢谢你。"他说。

我说:"没问题,兄弟。很高兴这个问题解决了。这是一个很好的工具,好好收着。"

这位助理排指挥官走出我的办公室后,我又坚定了一个想法:领导者用来塑造他人的一个最好的工具就是领导力本身。赋予他人责任并将其置于领导岗位,可以教会他们以各种方式提升自己。另外,你对这种工具的了解越深刻,就越能够准确地运用领导力来教授员工他们特别需要学习的东西。

◆ 教会下属谦卑

我们希望下级领导者要自信,但是自信这种东西很容易失去平衡并膨胀到傲慢自大。一位年轻的领导者常常以成功为动力,自尊心经常失控,最终因为缺乏谦卑而吃亏。他们只相信自己,不愿意听别人的话,也不事先进行计划和准备。

你如何教导一名自大的领导者学会谦卑?你如何控制住他们的自负?

当然,生活是谦卑的终极老师。如果一个人的寿命足够长而且经历过真正的挑战,他们将变得谦卑。但这需要时间。作为领导者，我们没有那么多时间让下属通过生活经历来学会谦卑。

那么，当我不得不教一个过于自信的年轻领导者学会谦卑时，我该怎么做？我会让这位年轻的领导者负责一个超出他们能力范围的任务或项目。我会这样对他们说："你表现得非常出色，我希望你来领导这项任务。可以吗？"

通常，以他们自负的性格，他们会对此感到非常兴奋。他们以为自己终于要承担重任了，这正是他们觉得自己应该做的事情。

但是，这个任务会非常艰巨，不是不可能完成的任务，也不是完全不现实的任务，但是任务的确很艰巨，我知道他们会失败。

一旦他们负责并开始牵头制订计划，就可能会发生两种情况。第一种可能性是他们会研究任务，开始制订计划，意识到自己毫无头绪，然后寻求帮助。但是，只有谦卑的人才会这样做。一个自负的人不会想要寻求帮助，或者他们认为自己搞得定，或者两者兼而有之。但是，如果他们稍稍有一点谦卑感，就会认识到自己的缺点，表现出谦卑的态度，并寻求帮助。

如果他们不寻求帮助，那么第二种可能性就会发生：失败。如果一位自大的领导者拒绝寻求帮助，他们会一败涂地，然后因为失败而变得谦卑。他们意识到自己没有想象中那么棒。

这并不意味着我会让一个自大的下级领导者在生死攸关的真实世界里主导一次任务的失败，而训练任务是另一回事。我手下的每个人在训练任务期间都曾被要求担任领导职务。我让那些自大的人负责最艰巨的任务，经过那些任务，他们就学会谦卑了。

你可以在商业世界中使用同样的手段。这并不意味着你会让一个自大的下属在重要客户面前失败,或者让公司蒙受巨额损失。相反,你可以为他们安排培训项目,或者让他们计划并领导影响最小的项目。你也可以在他们实际执行计划并造成损失之前阻止他们。有时有些自大的年轻领导者甚至都不知道如何去制订一个计划,所以仅仅让他们提出一个详备的计划就足以让他们变得谦卑。无论采用哪种方式,无须承担不必要的风险,仍然可以给他们教训。

经常有人问我:"如果一位自大的领导者做得很好,那我应该怎么做?"

答案很简单。首先,不要觉得失望,你的团队有一名潜力很大的领导者,这是一件好事。但是,他们仍然需要学会谦卑,所以给他们一个难度更高的任务。如果他们成功完成了这个任务,再给他们一个更具挑战性的任务,如果他又成功完成了任务,再给他们一个极具挑战性的任务。如此不断升级,直到这位下属失败或者寻求帮助。一旦他们学会了谦卑,就可以开始重建他们的信心。

◼ 建立和重建信心

正如有些时候我们需要帮助过分自信的下属学会谦卑,有些时候我们也必须帮助下属建立信心。也许你的下属刚刚担任领导职务,还不太适应。或者他们在某个任务、项目或工作上遭遇失败或表现不佳,现在有点怀疑自己的能力。

治疗信心不足与治疗过度自信用的基本是同一种药:让这个人承担责任。如果这个人需要建立信心,让他们负责一个你知道他们有能力领导和执行得很好的任务,你甚至可以给他们布置一个他们很容易完成的任务。

然后,这个人就会努力去做他们应该做的事情,而结果也是积极的。完成这个任务后,再给他们一个难度稍大的任务。这个任务也完成后,再让他们执行一个难度更大的任务。随着每一项成就的取得,他们的信心就会增强,最终,他们将成为一个自信的领导者。然后,你可以用挑战性任务来测试他们的自信心。

同样,降低风险也很重要。不要派一个缺乏自信的人去负责关键任务。他们可能没有作好准备去承受失败,这不仅会伤害团队,还会进一步打击他们的信心。选择任务或项目时请务必谨慎,要有足够的压力,同时风险要很低,这样他们能够实现预期的成长而不至于被压垮,整个战略任务也无须承担不必要的风险。同时,任务不能太简单,否则这个人承受的压力不足,也不能真正树立信心。他们会觉得你扔了个垒球给他——你也确实是这样做的——这样他们会更加坚定地认为自己不够出色。

所以,要找到平衡点,适当地施加压力来鼓励员工成长。

■ 培养高水平的团队合作者

一个人担任领导职务不要去想获取什么收益。实际上,优秀的领导者通过让下级人员负责来发展自己的团队,让他们获得更多的经验和知识。

在我效力的第二个海豹突击队作战排中,我们的排指挥官不断让我们这些年轻的海豹突击队队员负责训练行动。在我计划了几次完整的任务之后,我作为通信兵的工作变得容易了,对于我这部分工作如何与整个任务融为一体也有了更好的了解。

  这个传统在我成为军官以后一直保持了下去。当我还是助理排指挥官时,有一次我们的高级军官对我们排的一系列行动进行评分。第一个行动,我让职位最低的军士弗雷迪负责执行任务。我一直在帮助他,但他提出了自己的计划,准备了简报,并负责执行任务。

  当我们聚在一起进行任务简报时,高级军官进行评分并给出点评。刚开始的时候,我站起来说:"下午好,长官。我们被分配了一项相当考验我们勇气和决心的艰巨任务。任务也很复杂,有很多配合行动,而且涉及一些重要的协调工作。我们这位最年轻、级别最低的军士将是这次行动的地面部队指挥官。弗雷迪,全看你的了。"

  这位高级军官的脸上露出有趣的表情。显然,他没想到我会任命最年轻、级别最低的新人来负责这个任务。我在他旁边坐了下来。

  "了不起,"他低声说道,"风险大,但令人印象深刻。"

  "不,长官,风险很低。这些家伙知道怎么去领导。"我微笑着向他说道。

  "明白了,约克。"

  他们确实知道如何去领导。弗雷迪的简报做得很好,训练任务也完成得不错。

  让级别较低的人负责主导任务能提升他们的能力。让他们超越自己的级别去了解发生的情况以及他们的工作如何与战略任务联系在一起,这是一个很好的方法,下属不仅能更好地完成自己的工作,还能为将来成为更好的领导者作准备。

把下属放在领导岗位上有助于教育他们要谦卑、自信以及培养高水平的团队合作者。领导力是一个能够帮助你也帮助员工的工具。用好它。

 领导同级

领导同级是最具挑战性的一种领导力。如果级别和职位相似,就需要更多的技巧,而且必须建立更好的关系。一旦建立了关系,你就可以利用影响力把团队带往正确的方向。这不是一件坏事,因为影响力始终是首选的领导方法。在领导同级的时候,影响力尤为关键。

要在同级面前建立影响力可能有一定的挑战性,因为当级别相同的时候,自我意识通常会更加明显。人们总是在寻求自我支持,在他人面前抢占优势。如果你在与同事一起工作时表现出自我意识,那么也会把同事的自我意识的最糟糕一面激发出来。所以,必须要克服自我意识,从克服你自己的自我意识开始。如果你控制不好自我意识,你将与同事建立对立关系。这样就会出现"窝里斗"的情况,在军事术语里叫作"己方火力",意味着你摧毁的是自己的团队。这种情况不要发生。要打开格局,控制好你的自我意识。

控制好自我意识并与同事建立关系有一个最好的方法,那就是支持他们的想法。他们提出的计划可能会与你的计划略有不同,但是,如果这个计划有效并且可以完成工作,就给予支持,让他们去牵头。不要觉得一定要挺起胸膛来表达自己的想法,而是要学会支持同事的想法。即使你认为自己的想法更好,但如果同事的计划与你的接近,就采用他们的。他们试着执行你的计划时积极性不高,但他们为了成功执行自己的计划而付出的努力要多得多。更重要的是,一旦你接受了他们的计划,就表明你对他们的想法持开放态度,这意味着在大多数情况下,他们也将听取你的想法。如果他们的想法有不足之处,请具体解释,并帮助他们改进。另外,不要一提出想法后就急着邀功,即使你把它修改成为一个成功的解决方案,也要把功劳都归功于你的同事。这是一段关系的开始,这将提升你对他们的影响力。

接下来,在分配任务的时候,你要主动承担艰巨的任务,为团队担负起重任。如果有额外的工作要做,你要主动请缨并完成它。当然,这里也有二分法,必须加以平衡。如果你站出来尽可能多地承担责任,有些同事可能会将此视为威胁,好像你要控制一切一样,所以要控制好分寸。要密切关注同事的反应,确保你不会因过于主动而冒犯到别人。如果你感觉他们认为自己被冒犯了,就要适时退回来。

显然,如果出现问题,你要对问题负责并解决问题。这是"承担一切"这一理念的基础。同样,这里也存在着二分法,需要加以平衡。就像包揽太多任务会冒犯到某些人一样,如果你尝试去解决每一个问题,也可能会冒犯到一些人。当你冲锋陷阵去承担事情和解决问题时,要始终关注并了解其他人的态度,因为你可能会冒犯到某些人。

如果有的同事自我意识失控了,并且开始抬高自己而贬低你,请不要跌入自尊心的陷阱。不要去攻击他们,你只需继续出色地完成工作,并且始终将使命放在第一位。最初他们可能会从自私的行为中获得一些积极的关注，但最终他们的行径会败露。要摆出高姿态，否则你就失去了有利地位。

当你将团队和任务置于自己之上并控制好自尊心时，你就开始与同事建立起关系。这是最终目标。如果你们建立了关系，那么你就能影响你的同级，那就是领导力。

控制自尊心可能很具有挑战性。我喜欢玩一个游戏来透视自尊心，这个游戏有很多种玩法。我把它叫作"你会雇用谁"或者"你将提拔谁"。

游戏是这样的：假设你有两个下级领导，他们是同级，分别在负责相似的项目，而且他们都没有按时成功完成项目。你把其中一名领导者叫进来，问他出了什么问题。

"很多事情出了问题。"他强调说，"原材料没有按时到位。分包商延迟完成他们那部分项目。恶劣的天气又浪费了我们很多天的时间。最重要的是，两班人之间存在一些冲突，他们之间没有交流信息。"

显然，这位领导者不打算为此承担任何责任。作为上司，你对这种态度感到很不快。

你又叫了另一位下级领导进来，询问她的项目出了什么问题。她的态度与上一位截然不同。"很多事情出了问题。"她解释说，"首先，我没有尽早订购原材料，所以其中一些原材料到货晚了。从现在开始，我将确保早一点订购好所有原材料。我也没有很好地跟进分包商的进度，他们延迟完成了他们那部分项目。下一次，我将每天检查确认他们的进度并确保一切都按计划进行。如果他们没有按计划完成，我将作出调整，让他们步入正轨，确保他们不会再延误。我们还遇到了一些天气问题，很遗憾，我没有制订应急计划。在下一个项目中,我将告诉大家由于天气原因而延误的工期将在周末补齐,这样我们的进度就不会落后。最后,我的两班人员相处得不太好,我需要确保他们和平相处。下一次,我将发挥更积极的作用,确保我们所有的团队相处融洽,精诚合作。这些就是我下次要改进的地方。"

显然,这是一种截然不同的态度,是一种主动承担和解决问题的态度。现在问你自己一个问题:这两个人你会提拔哪一个呢?答案显而易见。你会提拔主动承担责任并解决问题的人。

尽管答案非常明显,但是由于某种原因,当与同级共事的时候,人们经常无法建立这种关系,他们会公开谴责。当事情进展顺利时,他们会去邀功。他们认为自己在做正确的事,没有人会注意到他们踩在同事头上抬高自己。但是,上级和同级却注意到了,就像人们在指责别人而不承担责任的时候他们也会注意到,他们还会注意到那些最关心怎么去抬高自己的人。不要那样做,控制好你的自我意识。支持你的同级并主动承担责任,这样你才能在这场漫长的游戏中走上正确的道路。

这并不是说每个上司都会立即留意到自私自利的下属。有时候需要一定的时间,有时候需要花大量的时间。有时候自私自利的同事甚至会因他们耍一些花招而得到晋升。那样确实很伤害你的自尊心,但是一定要控制好自己的情绪,不要沉不住气,路遥知马力,真相终将大白。

要出于正确的理由做正确的事情,支持你的同级,要保持谦虚,主动承担问题,把功劳归于团队的其他成员,建立关系。这就是你领导同级应有的方式。

微观管理、优柔寡断或者弱势的上司

就像人有不同的性格一样，上司也有不同的类型。从领导力的角度来看，有些上司还远远不够完美，还有很多地方要改进。以下是你可能会遇到的关于上司的一些常见挑战。

一种熟悉的类型是微观管理者。人们进行微观管理的原因很多，最主要的原因是缺乏信任，微观管理者不信任他们的下属。所以，你应该如何对付微观管理者？你要去建立信任。我与微观管理者建立信任的方法是，向他们提供我能提供的所有信息，而且表现得很好。为此，我必须克服自我意识。从我的角度来看，我认为我知道自己在做什么，我的上司没有权力告诉我应该怎么做或者要求我提供所发生事情的细枝末节。但是，这些想法都来自我的自我意识。我必须重新思考一下，上司为什么想要知道那么多信息？因为他们关心我所做的事情的结果。他们为什么要确切地告诉我应该怎么做？因为他们在这个领域有经验，而且想让我从中受益。

另外，他们如何看待正在发生的事情通常基于我告诉他们的信息。所以，如果我没有给他们足够的信息，没有清楚地描述正在发生的事情，那是我的错，我需要纠正错误。最后，与上司建立信任是我的工作，而不是上司的工作，我需要去赢得信任。如果他们想要信息，我给他们的信息会比他们要求的更多。如果他们想知道我的计划，我会向他们详细介绍我的计划，这样他们就没有问题要问了。

当我一遍又一遍地这样做时,我的上司最终会意识到我考虑得非常周全。上司会发现我会像他们一样仔细思考每一个细节,就开始放手让我独立执行任务。

然后,当我执行任务的时候,我必须表现得很好。这是让一个习惯于微观管理的上司给你喘息机会的最重要因素:绩效。你必须把任务执行得很好。同时,你可能还要以上司希望的方式去执行任务,这样最好。做上司要你做的事情,完美无误地遵循上司给你的指示。如果出现问题,承担责任并向上司汇报如何解决问题。把问题解决掉,下一次不要再犯同样的错误。

然后,你要再接再厉。微观管理者的态度不会在一夜之间改变。你必须持续地表现良好才能让他们退后。不要沮丧,不要让自我意识压倒你。向他们推送信息,始终如一地保持良好表现,与他们建立关系。久而久之,他们将给予你信任和空间,让你自己行动。

如何与相反类型的上司,也就是那种对当务之急优柔寡断的上司打交道?优柔寡断的上司普遍存在一个缺点,就是在先确定优先级再执行上面犹豫不决。他们会说"所有事情都是当务之急"或者"我们需要完成所有事情"之类的话。问题是,如果我们将资源分散到多个优先事项上,实际上我们将无法完成任何工作。我们必须集中精力,但是,如果上司不告诉我什么才是最重要的,我的团队就无法集中精力。

当我与这样的上司打交道时,我用了一个相当简单的解决方法。我评估现况并对一系列需要完成的事情确定了优先级,然后我以谦卑而又婉转的方式将清单提交给上司,以免冒犯他的自尊心。我会说:"嘿,老板,我知道有很多事情要做,我会把所有事情都做好。但是，为了提高效率，我需要稍微集中一下自己的资源，所以我想由你来安排这些优先事项，确保它们有意义而且能符合你的期望，以便我能最好地提供支持。你对我确定优先级的方法满意吗？"

通常，这样做行得通。也许他会对我的清单作一些小的甚至是大的更正，但是无论怎样，我现在有了一份确定了优先级的清单来推进工作。

如果这样做没有用，他仍然告诉我"所有事情都是当务之急"，那么我会设法解释自己无法一次完成所有工作，需要按某个顺序来完成这些任务。我可以适当地集中人员和资源来完成任务。有时候，这有助于他给出优先级。如果这样仍然没有用，我只能同意他的意见，然后尽我所能确定优先事项，并据此推进下去。

在确定自己的优先事项时，我不会去否定上司或不尊重别人。实际上，恰恰相反。如果我想为上司把事情做好，就需要集中团队的力量。如果我不知道什么是最重要的，就无法集中力量，所以我会选择自己认为最重要的事情，然后继续下去。我并没有忽略其他工作或项目，只是集中团队的力量，这样我们可以取得进展并最终执行上司所要求的一切工作。同样，我做事的时候不会冒犯别人，不会在上司面前摆臭脸。我会悄悄地、巧妙地确定优先级并执行。

我也会巧妙地试着让优柔寡断的领导者作决定。我不会说："嘿，老板，因为你还没有下指令，这是我要做的。"我会这样说："听着，老板，我知道有很多事情要做，但是我想积极地支持你的想法，所以在寻找我们应该朝哪个方向前进。我认为我们朝着这个方向前进，能最有效地朝你的最终目标迈进。我这样说对吗？如你所知，如果我们不前进，将无法按时完成你的项目。"

我把决定权还给他们，但是我让他们更容易作出决定。他们不必去梳理一大堆复杂的细节，这些我都为他们做好了。我正在缩小他们的决策范围，他们只要说"是"就可以了。即使我这样做，我的上司仍然是决策者。我不会冒犯他们或他们的自尊心。我的态度一直都很顺从，让他们解除防备并允许我按照我的计划行事——如果以正确的方式提出，对他们来说只是自己计划的延伸。用这些策略，可以有效地与优柔寡断的上司打交道。

还有一些上司一直表现平平。"我的老板很弱势，这太可怕了！"我已经屡次听到这种抱怨。

我从来不觉得弱势的上司有什么可怕的。相反，我把弱势的上司看作一个机会。如果我的上司不能提出计划，那我来提。如果我的上司不想解释任务，那我来解释。如果我的上司不想承担责任，那我来承担。如果我的上司不想领导，我来领导。

但是，要小心。与面对习惯微观管理的上司或优柔寡断的上司一样，面对弱势的上司，你在站出来领导的时候也要特别小心。即使最软弱、最弱势的上司也有自尊心，如果你得罪了他们，他们会抨击你。所以，当你开始做事情的时候，不要有攻击性或者过分的自信。在表达的时候要使用柔和的语言，不能伤害到上司的自尊心，但实际上又是在推动事情的进展：

- "嘿，老板，我知道你有很多事情要做，所以我觉得我加入这个项目一起做可能会有所帮助。这样可以吗？"
- "嘿，老板，很抱歉我的理解能力有点差，我只是想确定完全了解了你的想法。我说的……对吗？"

- "嘿,老板,我正在尝试再努力一点,你介意由我来计划下一个项目吗?这样我可以获得一些经验。"

我会以谦虚而温和的方式告诉他我在做什么以及正在作哪些决策,确保不会得罪他。如果我得罪了他,可能会被视为在挑战他的权力或者冒犯了他的自尊心,而我不想这样做,我会讲究技巧并控制好我的自我意识。弱势的上司对我来说完全不是问题。

有些人可能会抱怨上司是个微观管理者,或者优柔寡断,或者很弱势。我从来不担心这些。实际上,这些对我来说都无所谓。

如果我的上司是一个微观管理者,意味着我在为一个敬业而且在意工作是否做得好的人工作。这也是我所在意的。如果我的上司是一个优柔寡断的人,我也无所谓。这意味着我可以设定优先级并指导决策。如果我的领导很懦弱,很好,既然他没有在领导,那就意味着我可以站出来领导。

不管你的上司有什么不足,都没关系。与他们建立关系,尽一切可能帮助团队完成任务。如果你这样做,你的团队必将获胜,你也将获胜。

何时进行微观管理

当我担任海豹突击队地面部队指挥官,即在地面上负责该项任务的人,在我领导的行动中,最顺利的那些行动就发生在当我给出的唯一指示是"执行,执行,执行"这个命令时。我一说出这些词语，我们排或者作战小组中的海豹突击队队员便立即开始行动。他们把守外面，进入建筑物，突破大门和内室，把建筑物、走廊和房间都"清理"干净，扣留叛乱分子，进行搜索——所有这些都没有在我的指导下完成。

为什么？因为他们知道该怎么做。他们有一个计划，他们遵循标准操作规程，在必要时根据任务总体期望的最终状态进行调整，然后完成工作。这些都是理想的情况。当下属了解任务，知道他们被允许在什么参数范围内工作，而且具备执行任务的技能时，领导者除了坐等结果之外，没有什么可做的了。领导者不必向下和向内去看团队在做什么，而是向上和向外看，观察团队权限范围之外的情况，预测未来会发生什么情况，并计划团队下一步将要采取的行动。这就是权力下放，与微观管理截然不同。

但是，权力下放和放手领导并不总是有效。有时，微观管理不仅是一种选择，也是一种要求。当个人或团队不尽责时，有必要进行微观管理。

当然，微观管理不是首选方法。在严格进行直接监督之前，应当先采用正常的领导程序。要确保个人了解了任务、目标以及他们的具体角色。要确保他们清楚地了解要完成的任务以及对这个任务的所有期望。这些都可以通过一种建立关系的积极方式来完成。如果这样不起作用，那么领导者就不得不在保持间接监督的同时进行一些更加具体的监督："嘿，我只是想确认我说清楚了，而且你也清楚地知道你的角色，以及如何与战略目标融为一体。"这样说就没有任何的攻击性。

但是，如果一个人仍然不履行职责，对他的警告就必须升级。领导者最终不得不很直接地说："看，这就是你需要做的，这是你必须做的。"

除了口头警告,此时,你作为领导者可能还必须对这个人或团队进行微观管理。你可能要确切地说明他们要做什么,甚至动手去做,这样他们能亲眼看见你对他们有什么确切期望。然后,你要密切关注他们,看着他们做他们应该做的事情,然后跟进。与他们一起检查,对他们进行微管理。根据他们的反应,你要向他们解释自己在做什么,而且你已经充分意识到你在对他们进行微观管理,并告诉他们:"听着,我知道我好像一直在盯着你们,对你们进行微观管理,但我只想确定你们确切知道如何去执行。一旦你们控制好这个任务,我会给你们行动的空间和自由,就不需要我太多的监督了。"

一旦他们开始步入正轨并成功完成应该做的事情,你就可以稍微退后一步。当他们连续几次成功地完成任务时,你可以退后更多。但是,如果他们偏离了轨道,你只需再加强微观管理。然后,一旦他们回到正轨,就给他们更多的空间。最终,当他们可以正确地执行任务,你就可以退后并让他们自己去做。

当然,即使在严密的微观管理下,某个人或某个团队还是有可能没什么改善。显然,微观管理不是一个永远有效的解决方法。领导者不能长时间将全部精力放在一个人或一个团队上,还有其他人、其他团队和其他问题需要他们关注。当领导者必须集中很多精力,长时间对一个人或一个团队进行微观管理时,其他事情就会开始不受重视。那是不可接受的。如果发生这种情况,即一个人或一个团队无法有效地完成他们的工作,而且领导者在这个人或这个团队上投入了太多时间,那么领导者必须清楚地交代自己的期望以及达不到这些期望的后果:"如果你在这项工作上不加快一下进度，如果你不按照应有的方式开展这项工作，你就不用再干了，你将会被解雇。"对于表现不佳的团队，领导者必须清楚地告知团队领导："如果你们团队不能加快速度，表现达不到期望，我将撤你的职。"一旦确定了这些明确的期望，如果这些期望没有被达到，那么下一步就显而易见：解雇这个人或者撤掉团队领导者。

微观管理是一种工具，但不是永久性的解决方法。用好它，但也要知道它的极限在哪里，然后解雇或更换人员来解决问题。

上司想要独占功劳

如果你的上司想独占功劳，答案很简单：给他。就是这么简单。觉得这样做有挑战性的唯一原因是你的自尊心，你不希望他们抢走功劳。在你看来，是你完成了大部分工作，是你投入了大量的时间。也许事实正是如此，所有一切都是你做的，上司凭什么抢走功劳？

答案也很简单：因为他们是上司。这就是原因。作为领导者，无论你是否愿意，他们都会抢走功劳。你会怎样做？举起手说"我才应该得到所有功劳"？不，那样做行不通。邀功在任何场景中都是一种可怕的行为。而在上司已经独占功劳的情况下，这么做就更糟了，因为如果上司想邀功，说明他们可能没有安全感，他们想靠功劳建立起自尊心。所以，如果你把功劳从他们那里夺走，对他们的自尊心是一种攻击，他们会不高兴，会不信任你，与你形成对立关系。

不要那样做。相反,把功劳都给他们,不要表现出嫉妒或者愤愤不平。接受这样一个观点:作为上司,无论他们做没做什么,也许他们给每个人让路,也许他们发疯似的进行微观管理,都没关系,只要能让团队完成任务,那就说明他们是有用的。所以,把功劳给他们吧。

这确实会让某些人感到困惑。他们会问:"如果这个领导者不是特别出色,而项目完成完全依靠团队的单个贡献者,那该怎么办?"我的答案是:这就是为什么我们必须打持久战。除非领导者完全没有能力,这时候可能需要抗命,否则"明枪易躲,暗箭难防",你还是要和领导者处好关系。当你与一个边缘化的领导者建立良好关系,只要你与团队成员之间相互信任,他就会为你和团队带来好处。基于这种关系,工作就完成了,而团队和上司也获得了荣誉。

有些人担心,如果绩效不好的领导者获得了功劳,不管他们缺乏什么技能,都会得到晋升。确实如此,如果一个上司多次成功领导了项目或者任务,他们可能会得到晋升。

但是请记住,当他们得到晋升时,需要有人替代他们的职位。他们可能会选择一个他们信任的人来填补空缺。他们会选择曾经支持过他们的人,选择谦虚的、让他们获得功劳、为了团队而努力的人。如果你一直好好地照章办事,那么那个人可能就是你。请记住,晋升不是为了你自己的利益,而是为了团队。一旦你担任上司的职务,就可以领导团队并以最佳的方式执行任务。既然你已经与团队成员之间建立了信任,你将继续领导团队并影响上司,这样他们可以为团队的利益作出明智的决定。

有些人还担心,如果他们把所有功劳都给了上司,那么他们自己就永远得不到应得的功劳。要想克服这种恐惧,首先,控制你的自尊心。你想要功劳主要是为了满足你的自尊心。当你控制好自尊心之后,放轻松。如果你正在努力完成某件事情,那么功劳终将属于你,要有耐心。如果你没有邀功而上级把功劳给了你,这就具有了双重价值,因为你同时表现出了能力和谦卑,这对品质组合终会让你获胜。

所以,如果你的上司想要独占功劳,请控制好自尊心,并把功劳给他。从长远来看,你的谦卑和能力终会得到回报。

 ## 几乎站不住脚的领导者

要始终支持你的领导。如果你诋毁领导,不仅会伤害他们,还会伤害团队以及你这个下级领导的士气。你要树立榜样,如果你树立了对上级领导不敬的榜样,那么你也会从你领导的下属那里得到相同的待遇。

当你向下属介绍一个你不是很认同的计划时,你可能会说:"嗯,我不同意这个计划,但这是上级告诉我们要做的,所以我们无论如何必须完成。"显然这么说不好。他们会认为你不信任这个计划,如果你都不信任这个计划,为什么团队中的其他人要信任呢?如果没有人信任它,那为什么团队要去执行呢?

当上级作出了一个决策或者传达下来一个行动方案,你必须像执行自己的决策或行动方案一样去执行。当然,你可以私下与上司辩论哪种行动方案最好,但是一旦作出决定,你就必须全力以赴地去执行。你要告诉部下:"领导和我就此讨论了很长时间。

当从各种不同的角度去看,尤其是从全局去考虑,我认为这是最佳方案。让我们把它完成吧。"

你要像对待上司那样向团队提出计划。你的上司可能没有作出最好的决策。他可能很笨拙,或者在错误的时间说错了话。也许员工在抱怨他,在他背后说了一些难听的话。不要像他们那样,而且你要制止这种行为。这并不是要你去承担责任并盲目地为上司辩解,你可以解释说"上司有很多想法",或者"上司的工作是经营公司,而不是取悦我们"。这种说法会让你的团队知道,尽管上司并不完美,但还是要尊重他所做的工作。

但是,有时候上司几乎站不住脚。也许他很自负或者傲慢,也许他屈服于团队,也许他一次又一次地作出错误的决策。

在这种情况下,盲目地为上司辩解会使你与团队成员发生冲突。他们会看到并知道上司很可怕,如果你盲目地为上司辩解,你的信誉就会打折扣。但这并不意味着你就可以公开贬低或诋毁上司。你的这种行为会导致团队完全不尊重上司,不遵守秩序和纪律。你必须在为上司辩解和与团队建立联系之间取得平衡。以下几句话传达了正确的信息,即使你不是特别尊重上司,仍然可以重视任务并把任务完成。

- "听着,上司可能并不完美,但是他推着我们朝我们要实现的战略目标迈进。"
- "上司可能并不是完美典型,但是他提供了我们所需的支持。我们表现得越好,就能获得越多的支持。"
- "上司有一些怪癖,但是我们知道他的为人,因此我们将尽力与他合作。这意味着处理好他这些怪癖,我们就能完成工作。"

- "抱怨上司不会给我们带来任何好处,也不能让我们的工作变得轻松。我们能做的就是设法与他建立良好的关系,这样我们可以从正确的方向影响他。"

这样说是一种微妙的二分法,在盲目地支持上司和表现出一定程度的犹豫之间取得平衡。这正是一名领导者在上司几乎站不住脚的时候所要做的。

当然,有时候领导者真的站不住脚。这种情况很少见,但是当领导者做一些非法或不道德的事情,或作出错误的决策导致任务或团队真的面临危险时,下级领导和下属就要考虑越级,甚至在极少数的情况下,考虑抗命。

 **释放压力**

几乎每种工作都会产生一定程度的压力。销售人员要与愤怒的客户打交道。警察日复一日地面对着罪犯。建筑工人要面对危害身体的工作环境和相当复杂的工程。老师要对付不守规矩的学生。软件工程师要在截止日期前完成工作。餐厅服务人员要应付因为牛排被煎得太熟而勃然大怒的顾客。每种工作都有一定程度的压力。当人们屈从于压力时,对于个人、团队和任务而言都是极其不利的。领导者如何防止个人压力过大?

领导者首先要做的是他们应该已经在做的事情:与下属建立关系。为什么这条在我总结的领导力原则中一直如此重要?因为在任何一个成功的团队中,与命令链中的上下级建立良好关系都是最重要的领导力要素之一。之所以如此重要,是因为它有助于领导者管理下属的压力。

作为一名领导者,如果你与下属的关系很好,你会与他们交谈,他们也会与你交谈,而且你会去聆听。如果他们感到压力过大,会让你知道。这是一种去了解团队中的某个人是否感到压力过大的直接方式。

但是,也许他们不会告诉你压力很大。也许他们觉得这样会很尴尬。也许他们认为说出来可能得不到升职。也许他们感受到了压力,但由于之前从未经历过而无法识别症状。这些都是下属不告诉你他们压力很大的原因。

这也说明了关系是如此重要。如果你与员工关系很好,那么你就会了解他们。如果你了解他们,那么你就会知道他们什么时候表现得反常。也许他们变得寡言少语,也许他们为一点点小事就恼火,也许他们看起来灰头土脸。无论什么样的变化,它都是变化,而行为的变化暗示着压力。

陆军第 101 空降师 506 伞兵团第 2 营的指挥官理查德·迪克·温特斯少校指出了一个男人快要崩溃的迹象。他曾因 HBO 的迷你剧《兄弟连》(Band of Brothers)而出名,这部剧讲述了他们在第二次世界大战中在欧洲战场上的英勇事迹。他在《兄弟连之外》(Beyond Band of Brothers)一书中写道,当他看到一个人摘掉头盔,双手抱头时,他知道这个人要崩溃了。一开始,我不太明白他怎么能如此肯定,但后来我想了想他描写的那幅画面,意识到他是完全正确的。当你看到一个人把头沉在两手之间时,很明显他受够了。

那么,面对一个正在与压力作斗争的人,你该怎么办?让他们喘一口气,让他们休息,让他们离开产生压力的环境。当温特斯少校看到某个人濒临崩溃边缘时，他会分配一些临时任务，让他暂时离开前线。他不会告诉这个人，这是因为他觉得这个人需要休息。那样会让这个人觉得丢脸而不想离开。相反，温特斯少校会找出一些需要在后方完成的工作，然后派遣有压力问题的那个人去执行这项"任务"。

我在担任排指挥官和作战小组指挥官时也是这样做的。如果我发现压力开始对某个士兵产生负面影响，我会给他分配一项后勤任务，让他去总部待几天，或者派他与一个处在状况相对较好的区域的作战小组联络，这样他可以稍微休息一下。像温特斯少校一样，我不会告诉士兵我认为他们需要休息。我会告诉他们有一项重要的任务需要完成，我相信他们能够完成。这样他们可以有几天时间进行休整，然后满血复活地回来。

应对战斗压力甚至任何压力最好的方法就是，让感到压力的人离开产生压力的环境。休息一会儿之后，通常这个人会恢复到正常状态。我把处在重压之下的人比作一辆发动机故障指示灯突然亮起的汽车。当然，发动机还能再继续运转一会儿，但是它真正需要的是维修。如果对发动机进行维修，它就可以恢复正常运转；但如果不进行维修，而驾驶员还继续强行驾驶，最终发动机会损坏并发生灾难性的故障，这辆车就彻底被毁了。

如果压力一直得不到释放，人的精神也会同样崩溃。要想清楚地了解这种情况，去看一下讲述第一次世界大战中被困士兵的电影。他们的压力大到极致而得不到释放，最后他们的精神崩溃，再也无法正常工作。

不要让这种情况发生在你的员工身上。去了解他们，去关注他们，当他们需要休息的时候，让他们休息。

处罚

有时候必须进行处罚,但是一个好的领导者应当很少使用处罚手段。如果领导者就要做什么、怎么做、为什么要做以及做得不好会造成什么后果给出了明确的指导,团队应当会完成他们被要求做的工作。

当然,如果出于某些原因员工没有执行计划,那么你首先要从自己身上找原因。不要想当然地认为员工只是决定不做你要求他们做的事情。相反,那是因为你没有给他们适当的指导,这才是问题的根源所在。

如果你确定员工违反了某条规则或者没有遵循某个指示,而这条规则或这个指示已经得到团队的充分理解,则必须予以处罚。同样,这种情况应该很少见,因为如果领导者把自己该做的事情做好,团队成员就会了解他们要做什么、怎么做以及为什么要做他们正在做的事情,而且会正确地执行。对团队中某个人进行处罚几乎直接反映了领导者未能很好地领导。这似乎有点极端,但实际上确实如此。这就是承担一切。

- 如果某个团队成员迟到了,可能是因为领导者没有强调准时的重要性。
- 如果某个团队成员未能完成他那部分项目,可能是因为领导者没有提供所需的支持。
- 如果某个团队成员喝酒并冲撞警察,可能是因为领导者没有针对喝酒制定明文规定。

这个列表可以无穷尽地继续下去。领导者应当始终对下属的行为负责。可以这么说，如果有一个团队成员喜欢惹是生非，那么领导者应该把这个人从团队中赶出去来避免惹麻烦。

即使完全地实行"承担一切"，虽然能消除团队中大部分不遵守规则的情况，但有时团队成员会无意、恶意或故意不遵守规则。当发生这种情况而且出现越界行为时，就有必要进行处罚。这句话的重点是"当出现越界行为时"，这意味着首先必须有明确定义的界线和清楚明白的规则。如果因为违反了不成文的规定而对一个人进行处罚通常是不合适的，除非行为严重到任何通情达理的人都认为它很过分。除了达到这种程度的违规行为，除非规册明确并记录在案，否则很难根据个人的判断来惩罚他们，无论他们有多离谱。但这并不是说你作为一名领导者不能对不良行为提出忠告。显然，你应该这样做。但是，实际上，因为没有明确定义的违规行为去处罚某个人不是太好。

把违规的后果列出来也是一个好方法。这样当受到处罚时，任何人都不应感到惊讶，而且因为知道将要面临被处罚的风险，就会降低他们作出不恰当行为的可能性。

一旦明确规定了违规将受到的处罚，如果出现了违规行为，就很容易处理：执行处罚措施。当然，这在一定程度上要依照具体情况来考虑，而且不能把宽容视为软弱。一位考虑"减罪"因素的领导者通常被认为是明智的，而不是宽容的。宽容并不是做"软柿子"，而是富有同情心。这不是坏事。

有时候，我手下的海豹突击队队员们会违规。有人在城里打架斗殴，有人没有提交训练活动所需的文书工作。无论什么样的违规行为，我都会将它们与个人的过往表现进行权衡。如果他以前表现得很出色,那么违规行为不符合他的正常行为,我会让他调整一下。如果这个人是个"惯犯",他将受到所有应得的处罚。如果发生了违规行为,并且没有正当理由或任何可以"减罪"的情节,只需坚定不移地按规定实施处罚。

实施处罚是领导力的一个不太吸引人的部分,但有时是必要的。你领导得越好,需要采取处罚措施的行为就越少。但有时你仍然需要进行处罚,要做到公平公正。

何时放弃

在海豹突击队中,大家有一句口头禅——"永不放弃"。这是在海豹突击队基础训练中使用的一句口号,这在训练中意义重大,因为你就是这样完成训练的,你从不放弃。无论进行什么样的训练,无论训练多么艰苦,无论你多么疲惫、酸痛、沮丧、筋疲力尽或者感到崩溃,都不要放弃。

你就是这样完成训练,最终成为一名海豹突击队队员的。但是,当你真正加入海豹突击队后,必须调整这种极端的态度,因为如果不调整的话可能导致灾难。

这里有一个典型的例子。有一名年轻的海豹突击队领导,他通过了海豹突击队基础训练,成功加入海豹突击队。他听到了无数次的"永不放弃"。他向朋友们喊"永不放弃",对自己低语"永不放弃"。这句话已经在他的脑海里根深蒂固。

他现在在一支海豹突击队里,他的工作是为一个训练任务制订计划。他已经尽力而为,但是由于缺乏经验,制订了一个不入流的计划。在他介绍了计划之后,他们班出发去执行任务了。很快,他们发现这个计划是无效的。也许他选择了错误的路线或蹩脚的方法去接近目标,或者低估了敌人的抵抗能力。也许恶劣的天气拖延了他们的计划。也许他误判了影响任务的一个变量,无论是哪个变量,这个计划都因此而无效。

但是,这位年轻的领导者接受过训练,他知道不能放弃,他也不会放弃。他继续向前,投入所有的资源、精力和时间来坚持执行这个行动方案。但是,这个班最终仍然未能完成任务。除了没有完成任务,他们全部人员还被占用在这个行动上,别的事情都做不了,他们甚至无法抽身去支持其他任务。

那样是不对的。他应该放弃,回到基地,重新制订计划,让他的部下进行休整,然后重新试着去执行任务。

我曾经把这个案例作为一个训练问题抛回给年轻的海豹突击队领导们。场景设置在城市环境中,在一幢相当大的建筑物里,有一条长长的走廊,走廊两边有好几个房间。海豹突击队作战排进入走廊,望过去,走廊尽头有一个大房间,我将在那里设置一项关于路障狙击手的训练。狙击手将配备具有毁灭性火力的大型彩弹枪和无限的弹药。

路障狙击手身处由沙袋和胶合板构建而成的微型碉堡之中,几乎被完全包裹住——除了彩弹枪的枪管从一个小孔伸出来,瞄准下方的走廊。

这个海豹突击队作战排的任务是清理这幢建筑物。所以,不出意料,领导者将按照标准方法迅速制订一个相当简单但总体上直接有效的计划:派遣两名海豹突击队队员清理第一个房间,然后再派两名清理隔壁房间,接下来再派两名去清理下一个房间,以此类推，直到他们清理完走廊上的所有房间，这样整幢建筑物就被清理完毕。

但是，因为我们把路障狙击手安置在这个位置，当最先两名海豹突击队队员进入走廊时，他们将被射中。训练干部会在那里指挥，告诉这两名海豹突击队队员他们已经"死了"，让他们躺下。

现在，这位年轻的海豹突击队领导听到喧闹和开枪的声音，想知道发生了什么事，所以他在门口偷偷地向走廊里看了一眼。他看到前两名海豹突击队队员躺在地上没有动弹，显然是"死了"。

他会发出什么指令呢？

"再上来两个人！去清理第一个房间！"

此时，后面两名海豹突击队队员急于追击，从这位年轻的海豹突击队领导身边经过，并进入了走廊。他们还没有跨过那两名"死了"的海豹突击队队员就被彩弹击中了。训练干部宣布他们也"死了"，然后他们就躺在地板上不再动弹。

这位领导者再次听到这种声音，他从角落往走廊里面偷窥，进行评估。现在，他看到 4 名海豹突击队队员躺在走廊上，身上都是彩弹。他决定做什么？"再来两个人！上！"

听到这个消息后，接下来的两名海豹突击队队员从这位领导身边经过，穿过门，进入了走廊。他们也在走廊里被彩弹"击杀"了。

很明显，现在有很大的问题。这里存在着破坏性威胁。应该怎么办呢？这位年轻的海豹突击队领导自以为有办法。

"再上来两个人！马上！"

又有两名海豹突击队队员走进了这条"死亡走廊"，不久，彩弹就击中了他们。这一次,这位领导者稍微暴露了一下自己,他看着这两名海豹突击队队员进入走廊,看到他们被来自走廊尽头的彩弹击中。他看到了路障狙击手的身影,他现在清楚地了解了情况。那他应该怎么办?

"走廊尽头有路障狙击手。"他宣布。在发出下一个命令之前,他让所有人都知道发生了什么情况。"再来两个人!上!"

于是,又有两名海豹突击队队员进入走廊,被路障狙击手迅速"击毙"。然后,这位领导下令再上来两个,然后又上来两个,最后只剩下了他自己。他认为自己知道应该怎么做,于是他屏住呼吸,冲进走廊。然后,他像其他人一样,也被彩弹击中了脚掌,光荣地"死了"。

错!

这里应该适时放弃。训练结束后,我会与这位年轻的海豹突击队军官进行讨论。我们会检查训练结果,很明显:目标没有达成,所有人"都死了"。显然,这种结果很可怕,他再也不想看到这种情况。然后,我开始向他解释战略目标与战术目标的区别——如果战术计划行不通,可以放弃计划,尤其是在不放弃战术计划或目标会损害我们达成战略目标的能力的时候。在这种情况下,如果所有人都死了,他们这个排有多大可能性实现这个战略任务?答案很明确:零。

在下一次迭代训练中,我会把他放在类似的情境中,有时甚至用完全相同的建筑物和完全相同的场景。会发生同样的事情:最先两个人进入走廊,然后被击毙。接下来的两个人也会被击毙。如果这位年轻的领导者还是想坚持这个行动方案,我会进行干预。

第二部分 领导力战术

"你在做什么？"

"拿下这条走廊。"

"你做的和上次完全一样。"

"但是我们要清理这幢建筑物，就必须走过这条走廊。"

"我们刚才讲过什么？"我会这么问。对于我们完全没有形成共识，我感到很惊讶。然后，我看到他的眼神中闪过一丝困惑。

"你的意思是……我应该放弃吗？"这位年轻的军官谨慎地说。

"你应该放弃这个计划，它行不通，你已经损失了4个人。我知道这只是训练，他们会在这次迭代训练之后奇迹般地'复活'，但如果这是真的战争，那4个人就死了。你要重新考虑一下。"

"但是，我不能逃跑，这是我们的使命。"

"好的。退后一步，超脱，环顾四周。你觉得有别的选择吗？"

"这个走廊必须清理掉，因为它通向这幢建筑物的每个房间。"

"这幢建筑物必须清理，而且走廊确实通向每个房间。但是，还有其他地方可以进入房间，尤其进入走廊尽头那个埋伏着狙击手的房间吗？"

这位年轻的军官一脸困惑地坐在那里，几秒钟后，他看向一扇窗户，点了点头。

"窗户，那个房间有窗户，我们可以从那里进去。"

"好主意。"我笑着回答。于是，这位年轻的军官迅速派遣了一两个火力小组从建筑物外围移动，从窗户进去，清理藏有路障狙击手的那个房间。

士兵们迅速采取行动，把一些手榴弹模拟器扔进房间，这将伤及至少惊吓到路障狙击手。然后,士兵们从窗户进入房间,把他控制住。这个排从中学到了一个解决问题的新方法——实际上是一种老方法——我们称之为"合击"。更重要的是,这位年轻军官也知道了,有时候可以放弃。

也许"放弃"一词用得不恰当,实际上应该叫作"撤退"。我们并没有完全放弃,我们没有投降,只是放弃了一种行不通的方法,去尝试另一种方法。

这是另一种用来构架的重要方法,即从战术角度与战略角度进行比较。用军事术语来说,战术是指眼前的形势,在这里是指现在实际上发生的战斗。战略是你要实现的广泛的、长期的总体目标。例如,战术目标是占领一座小山或城市的一个区域,而战略目标是罢免威胁自己所在地区稳定的暴政领导人,因为他明显地构成了危险。

放弃战术目标是可以的,你可以不马上攻占那座小山或清理城市的那个区域。也许敌人太强大了,而且严守着那座山和那个城市。实现目标要花费昂贵的人力和军力成本,所以,你必须绕开这些目标或者将它们放到以后再说——你必须放弃战术目标。

但是,你不能放弃战略目标。如果你已经作出战略评估和决定,为了国家的安全和保障,必须罢免这位专横的领导人,就必须继续前进,不能放弃自己的战略目标。

甚至有的时候,为了成功执行战略任务,必须放弃战术任务。乔治·华盛顿将军率领陆军撤离纽约,此举对于革命军保存实力并在之后的战斗中继续作战至关重要。

第一次世界大战期间也有类似的情况。在加里波利半岛进行了长时间的战役后,英国、澳大利亚、新西兰和法国部队都遭受了重大伤亡。盟军决定放弃这个战役——撤退。但是,那些撤离的部队又去了其他战场,为盟军的最终战略胜利作出了贡献。

当然,几乎每个人都知道敦刻尔克大撤退。三十几万士兵撤退,这样他们才能活下去,得以来日继续作战。他们在战术上放弃了这场战斗,最终能够继续作战,并击败轴心国。

这些例子都说明,领导者必须能够决定放弃、撤退、改变计划并接受战术上的失败,以便重整旗鼓,以后再争取战略上的胜利。

有时,你不得不放弃短期的战术目标,必须撤退。但是,不要放弃战略使命,永远不要放弃你的长期战略目标。

沟通

让下属知情

作为海豹突击队队员，主要的交通方式是徒步行军。当然，我们在长途行军中也会使用飞机、直升机和轮船等，但在90％的时间里，与数千年来士兵上战场的方式一样，我们靠双脚朝着目标迈进。

行军距离因行动而异。可能从直升机空降落地，只是走最后100码到达目标，也可能像在很多昼夜行动中那样要行军数十公里。

在电影或电视剧中，徒步行军看上去是一种简单而相对温和的运动，就像在逛公园一样。

但是，徒步行军不是逛公园。这是一个身体上困难，精神上有挑战，有时还有点痛苦的过程，可能是行动中最困难的部分。行军队员还要携带武器、弹药、头盔和防弹衣、无线电、电池、手榴弹、医疗装备、食物和水以及其他用于特定行动的特殊设备。每个队员都至少携带50—70磅重的装备,最多的时候可能接近120磅。这个重量再加上陡峭的极端地形,而且夜间的时候经常只能在较低的能见度下移动,而且还要承受压力,要对敌人的行动保持警惕,行军从简单的步行变成了痛苦的行动,让作战人员耗尽精力和士气。

作为一名年轻的海豹突击队队员,我与海豹突击队第一分队的其他新兵一起参加了海豹突击队战术训练(SEAL Tactical Training,STT)。这是我们加入海豹突击队后的第一个任务。训练以我们在海豹突击队基本水中爆破训练期间学到的内容为基础,为我们今后被分配到海豹突击队作战排作准备。除了巩固基础知识,教官还让我们学习其他基础知识,然后担任海豹突击队作战排中各种工作角色,让我们了解今后可能担任的职务。

这意味着我将以重型狙击手、医护兵、先遣兵、后方警戒人员甚至是行军队长的身份进行行军。在行军时,每种工作会把我置于一个班行进顺序中的不同位置。我很幸运,我在第一个海豹突击队作战排中被任命担任通信兵之前,能够在行军中待过各个位置。

在一个正在进行徒步行军的海豹突击队班里,先遣兵走在最前面带路,后面跟着行军队长。行军队长的后面是通信兵,然后是第一狙击手,后面跟着医护兵,然后又是一个狙击手,后面是助理行军队长,最后是后方警戒人员。由两个班组成的一个海豹突击队作战排一起行军时,按照班依次行军,一班在前面,二班在后面。

因此,海豹突击队队员在行军中的位置取决于他们在排里或班里的职位。有机会把这些位置都走个遍，我学到了关于领导力非常宝贵的一些经验。

作为先遣兵，行军时会感到更累，因为你要探路，但是也有有利之处：你知道正在发生什么。作为先遣兵，实际上你是在引导行军队。你走在最前面，不断查看地图，核对之前研究过的地形特征，计算步速，以便知道行进了多远距离，然后不断计算自己的确切位置，以及还要走多远距离。

在行军队列中，先遣兵后面是行军队长。作为行军队长，你要很清楚自己的位置。在这个位置上，你要与先遣兵密切合作，先遣兵和你一起研究地图，指出能指明你们位置的重要地标以及要行走的距离。每当行军队停下来休息的时候（一般每小时休息10分钟），先遣兵和行军队长就会一起研究地图，用指南针确定方位，并对行军队的确切位置进行三角测量。

在队列中，通信兵走在下一个，挨着行军队长，这样他可以与行军队长以及飞机和火炮等外部支持资源之间进行通信。所以，通信兵也很了解情况，他看着先遣兵和行军队长研究地图，听他们讨论距离目标还有多远，行军队正靠近什么样的地形，以及何时会再停下来休息。此外，当行军队长需要向命令链中的上下级传递信息时，例如传达行军队的位置或者和目标之间的距离，总是要经过通信兵，所以他对于发生的事情了如指掌。

走在通信兵后面的是第一狙击手，他通常是行军队中第一个断开联系的。因为他听不见行军队长说的话，听不到先遣兵与行军队长之间的任何讨论。

医护兵排在下一个，他是行军队里从前往后数的第五个。他几乎不知道正在发生什么以及他们身处哪里。

医护兵之后是第二狙击手。通常，第二狙击手对正在发生什么几乎一无所知，只是盲目地跟着前面那个人。他后面还有另一个人，这个人后面再跟着一个，这样一个又一个，每个人与先遣兵和行军队长的距离越来越远，所得到的信息也越来越少。

最终，到了行军队的最后一个人，他几乎什么都不知道。你在行军队中了解的信息越少，就越痛苦。你不知道自己在哪里，还要走多远的距离才能到达目标，下一次休息在什么时候，周围的地形特征如何。你不知道接下来是要爬山，还是要渡河。你能做的只是一步一步地走，默默地忍受痛苦。这样下去，士气会下降，你可能觉得行军队随时会崩溃。

但是，痛苦和士气不足并不是最糟糕的。最糟糕的是你不了解战况，完全不知道自己身处何地。如果敌人发起进攻，你不知道能去哪里。如果你脱离排里的其他人，就会迷路。在战场上，最重要的是知道自己的位置，但你却不知道。

因为我待过行军队里的所有位置，所以我知道，在行军队里位置越靠后，了解的信息就越少。每次我担任先遣兵、行军队长或通信兵时，我对所有情况都了如指掌，因为我知道发生了什么。当我走在行军队的最末尾时，感觉就像用袋子罩着我的头走在战场上一样。我讨厌那种感觉。

所以，每当我担任行军队长时，无论是作为年轻的海豹突击队队员在执行训练任务，还是后来成为军官担任班长、排指挥官和作战小组指挥官，我的使命就是确保行军队中的每个人都确切知道发生了什么。在做任务简报时，我强调在行军时传递信号的重要性。我确保每个人都知道并了解我们要走的路线，认真关注重要的地形，我知道他们每个人都可以轻松识别。然后，行军时，在每次休息时,我都会把地图给每个人或每个小组长看,说明我们的位置在哪里,离目标还有多远距离以及会遇到什么样的地形。我还要检查他们的状况:还剩多少水,脚的情况,人有多累。

我经常留意士兵们是否舒服和健康。在战场上,对战术缺乏了解,对于任何一个班、排或任何规模的单位来说都是很危险的。士兵如果知道正在发生什么,会更加敬业、准备充分,而且在作战方面也更加高效,士气更高昂。而不知情的士兵只能坐等灾难的到来。

显然,这不仅适用于战术行军。在任何领导情境中,对于领导者而言,都要让团队中的每个人都尽可能了解情况。如果团队成员不知道自己在哪里、要去哪里或者还要多长时间才能到达目的地,他们就会感到迷茫。当人们感到迷茫时,他们不知道朝哪个方向前进。他们不知道自己的努力对战略任务有何影响,无法再有效地工作,士气会暴跌。

从领导者的角度,最困难的一点是要知道团队看到的和你看到的并不一样。团队成员和你的信息不对称,你不能假设他们什么都知道。你要主动把最新的信息告诉团队。你要不断地让他们了解正在发生什么。另外,你别指望他们问问题,他们可能真的什么都不知道。不要以为他们什么都知道,实际上,情况恰恰相反:他们一无所知。你要担负起领导者的责任,任何时候都要让下属知情。

控制谣言

如果组织中谣言四起,那说明你创造了让谣言滋生的环境。谣言滋生是因为人们缺少信息。如果你不告诉他们发生了什么,他们就自己编一个版本出来,而他们的版本通常不怎么样。

所以,要在谣言产生之前先说清楚情况。就像在行军队里一样,你要让团队知情。要裁员?向他们解释为什么。要停止生产一个产品?告诉团队为什么。要关闭办公室?向员工传达原因。

所有这些话题都很棘手。虽然闭口不谈,然后寄希望于没人注意,这样做很容易,感受上也更舒服;但是,他们绝对会注意到,他们会用自己的想法来解释原因。要裁员?谣言是"我们要倒闭了!"要停产一个产品?同样,"我们要倒闭了!"要关闭办公室?现在可以确定了,"我们要倒闭了!"

不要让这种情况发生。在坏消息散播之前就告诉你的团队究竟发生了什么,你要主动出击来击碎谣言。你要坦诚、直率和反应迅速。你拖的时间越长,谣言就会越多,并且越难控制。你越早把真相公布于众,就越能得到满意的结果,而且有关谣言的问题也就越少。

 明确的指示

如果你的下级领导或一线人员没有按照你的意愿去做事情,

那么你首先应该自我检查。导致这个问题最可能的原因是指示不清晰或不一致。

你对团队的指示要简单、清晰而简洁。指示越多不一定会越明确。实际上，指示越多只会让事情变得越混乱、复杂。要确保各级领导给出一致的指示。尽管组织的不同层级得到的具体信息可能不同，但作为信息的基础，指示必须一致。

当我担任部署在伊拉克拉马迪的"壮汉作战小组"指挥官时，我要向队伍解释一份交战规则，即如何以及何时以致命武力与敌人交战，这个规则非常复杂而且难以理解。这份文件有好几页，上面充斥着冗长的法律术语。对信息的描述用的是诸如"敌军和准军事力量""合理确定所拟定目标是合法的军事目标"之类的词语，相当令人费解。尽管这些短语对于一个坐在舒适办公室的资深人士来说可能很容易理解，但是对于年轻的前线海豹突击队作战人员而言，需要在战争的压力下，作出关乎另一个人生死存亡的决定，他们可能就很难在阅读文件的时候记住里面的内容并解析其含义。

所以，我把交战规则翻译成简单易懂的语言传达给团队："如果你必须扣动扳机，请确保被杀的是敌人。"我尽可能地让交战规则变得简单、容易理解。当你在观察动机和意图不明的人时，总是很难确定他们是否怀有敌意。那些人通常行事很可疑，会做一些令人意想不到的事情。但是，当他们开始对联合部队发起攻势时，显然他们存在着敌意。一个人一旦越界，并采取了敌对的进攻行动，很明显这个人是敌人，需要与其交战。这样对于前线狙击手来说就会是一个简单的决策。

这就是下达指示应该采用的方式。但是，很难确保每个人都能真正理解了指示。确保人们是否理解的最好方法不是简单地询问他们是否理解。很多时候,这样问他们,只会看到他们点头,因为他们不想承认自己缺乏理解力。最好的方法是请他们以自己的方式向你解释指示,甚至就某些需要他们理解指示的场景测试团队中的一些成员。如果他们能够做到,说明他们完全理解了。

还有一点是,要通过尽可能多的渠道去传达指示,以书面形式发送,与属下面对面交谈,录制视频让他们反复观看,通过电话会议反复强调。让下级领导者也同样这么做。不同的人接收信息的方式也不同,确保以尽可能多的方式来传达你的指示,以他们最易于理解的方式影响团队中的每一个人,以便所有人都能理解并接受信息。

 因为我说了算

"因为我说了算!"父母有时会这么对孩子吼。去打扫房间,因为我说了算。晚上 10:00 之前必须回家,因为我说了算。去洗碗,因为我说了算。玩滑板时要戴好头盔,因为我说了算。

如果你作为父母经常这样说,最终也会对员工或下属这样说。这样你就有问题了。实际上,对孩子这么说也是不对的。

让我们以玩滑板为例。我住在南加州的海边,那里滑板运动非常流行。有些招数和特技几乎让人难以置信,而且可能很危险。最大的危险是你摔倒时头撞在人行道上,所以戴头盔是个好办法。

如果你对女儿说："戴好头盔，因为我说了算。"这样说会有用吗？当然，如果你站在那里看着她，强迫她听你的话，她会戴上头盔。但是，当她再长大几岁，与朋友独自玩滑板的时候，会怎么样呢？她会听你的话吗？她很快就意识到戴着头盔不舒服，很热，有点笨重，而且最重要的是，这样不"酷"。所以，一旦孩子不在你的视线范围内，她便会脱下头盔。"因为我说了算"这句话在你不在孩子身边的时候一点用都没有。

但是，如果你不只是告诉女儿"因为我说了算"，而是向她解释你为什么要让她戴好头盔呢？如果你向她解释了从滑板上摔下来有撞到头的危险呢？然后，如果你带她去医院，让她看到一个从滑板上摔下来撞到头的孩子，现在正躺在病床上，大脑严重受损，无法走路、说话或自己吃饭呢？如果你把女儿带到墓地，让她看到一个十来岁男孩的墓碑，这个男孩因为从滑板上摔下来撞到头部而丧生呢？这样她是否会印象深刻？绝对会。你的女儿很有可能会戴好头盔，甚至会叮嘱她的朋友也要戴头盔。实际上，其中的区别就是解释原因——为什么她要按照你说的那样做——这一点很重要。

让某个人去做你想让他做的事情，"因为我说了算"显然不是最好的方法，它也不是一个领导别人的好方法。这一点很明显，但是，"因为我说了算"会以多种形式存在。"这是我的命令""这是我的项目"或者"我的级别比你高"，这些都是另一种形式的"因为我说了算"，就领导效果而言都差不多，也就是根本没有什么效果。这么说不会让你的下属竭尽全力地完成任务。他们只会执行命令，而不是满怀热情或执着地去执行，因为他们并不真正了解自己为什么要做这些事情。

不要以那样的方式去领导。相反，要向你的下属解释他们为什么要做某件事情。解释为什么要以某种方式来完成。向他们说明为什么一项任务、操作或程序很重要，以及这项任务对团队、公司、使命的影响以及对他们的影响。

不要说"因为我说了算"还有另一个重要原因，那就是你可能会发错号令。如果你的一位下属问你为什么要他们以某种方式做某件事，而你唯一可以给出的原因是"因为我说了算"，则表明你并不知道为什么。如果你不知道自己为什么要做某件事，那为什么要做这件事呢？

我曾经与一家技术硬件公司合作，该公司正在启动他们的第一个大项目。像许多初创公司一样，公司人手不足，但又有工作要做。我向一大批工程师和包括首席执行官在内的管理团队解释，必须了解你们为什么做这项工作。我告诉一线工程师，如果他们不知道为什么要做正在做的事情，就要去问他们的主管。

一位工程师问："如果我的主管也不知道怎么办？"

我回答："去问主管的主管。"

"如果他们也不知道怎么办？"工程师回击。

"去问主管的主管的主管，一级一级地向上问。"然后，我看了一下首席执行官，说："作为这家公司的首席执行官，在把这种设备推向市场时，你是否希望看到组织中的每个人在做某件事，而团队中却没有一个人能够解释这件事的重要性？"

"当然不是，"首席执行官回答说，"绝对不是。这种新设备上市需要我们做大量的工作，我们需要每个人都致力于关键的任务。如果你的命令链中没有人能解释为什么某件事情对于执行这项任务很重要，那么，我不希望你去做。"

所以，解释清楚原因不仅能确保前线人员在理解的基础上执行任务，还能确保前线人员不会在无关紧要的事情上浪费时间和资源。"因为我说了算"否定了所有这些益处。所以，一旦你发现自己在说"因为我说了算"，那就停下来，评估一下，给下属和你自己一个真正的理由。

 穿起原因的线

前不久，我给一家大公司的员工进行了一场演讲。我向他们介绍了作战法则和主动承担一切的原则。当我介绍完之后，公司的首席执行官站起来发表讲话，说公司已经扭亏为盈，并且这是公司两年来第一次盈利，利润相当可观，股东们都很开心，他对此也感到很兴奋。但是，他并没有从员工那里得到期望的反应。他们坐在那里静静地听着，没有用欢呼声或掌声来呼应他的热情——只有尴尬的沉默，与他的热情截然不同。等到他讲完，他的态度和员工的态度之间已经有了明显的差异。

他走下台来，对员工的反应感到很困惑。从他的表情可以看出，他非常惊讶：这群员工和部门领导者对于公司经历了这种惊人的转变以及为股东带来利润居然无动于衷！演讲结束后，首席执行官、首席运营官和我回到首席执行官的办公室进行总结。

首席执行官说："这和我期望的不一样。"

首席运营官补充说："我也是。"

"这是我的问题。"我说，"我应该先看一下你的演讲稿，多加斟酌一下。"

"我的讲话有什么问题?"首席执行官问,"这绝对是个好消息啊。我们削减了开支,裁掉了冗员。我甚至还像你所建议的那样解释了原因——我们在做的这些事情都是为了实现盈利!我们成功了,两年来我们首次实现了盈利!有什么不对的吗?"

首席执行官是对的。从他的角度来看,这些都是好消息。问题是,他不明白从员工的角度来看他的那些话意味着什么。我没有事先听过他的讲话并作出评估,所以我告诉他:"问题不在于这是不是个好消息。问题在于,从员工的角度来看事情会不一样。在过去的几个月中,我一直在与你的一线领导者和经理们一起工作,他们对事情有不同的看法。当你说'我们削减了成本',他们听到的却是'我们失去了赖以开展工作的一些物资和资源'。当你说'我们裁掉了冗员'时,他们听到的却是'你解雇了我的伙伴,现在我们的人手比以往更加不足'。即使你说'我们两年来第一次实现了盈利',他们听到的却是'某些股东通过榨取我们的辛勤劳动和血汗来赚钱'。他们的视角与你很不一样,所以要以对他们说得通的方式来构架你的发言。"

我看到首席执行官认同我所说的是事实。"但是,信息就是如此,事实就是事实,这是一条积极的信息。我怎样才能把它构架得好一些?公司赚钱,而钱回到股东手中,公司就是这样运作的。"

"就像我说的那样,"我告诉他,"你要从他们的角度来构架你说的话,肯定有一条线把原因与他们联系起来。这条线大致是这样的:我们两年来第一次实现了盈利。这意味着我们可以把更多的钱投入广告中。我们做的广告越多,获得的潜在客户就越多。我们的潜在客户越多,获得的客户就越多。客户更多意味着销售额更高,销售额更高意味着产品的生产成本更低。生产成本越低,我们的价格就越低且越具有竞争力。价格越低,我们的销量就越多,这样又降低了生产成本,我们又有更多的钱可以投入广告中,产生更多的销售额。这个循环对于在座的每个人来说意味着公司盈利的增长,盈利的增长不仅意味着长期的工作保障,还意味着机会——增加了职责,增强了领导力以及可以赚更多的钱。这就是为什么盈利能力对于在座的每个人都很重要。当这家公司成功的时候,团队中的每个成员也会在职业和财务上取得成功。所以,感谢大家的辛勤工作和奉献。当个人赢的时候,团队也赢了。当团队赢的时候,个人也赢了。"

无须再作进一步的解释,首席执行官听明白了:"好吧,我要向全体员工发一封电子邮件,更好地解释一下原因。我们甚至可以做一段视频。我没达成沟通目标,但是我可以弥补。"

我告诉他:"你的确可以。"我们必须与公司上下进行沟通,进一步解释其中的原因。

这是任何领导者都应当学习的一课。解释清楚原因很重要,但是,原因必须与命令链中的每个人都相关。"公司"或者"股东利益"的成功并不是每个人的愿景。你必须思考,任务和结果将会给整个团队带来什么益处,然后再解释原因。一线人员可能并不在乎股东把多少钱装进他们的口袋,但他们会在乎这些利润是否有助于增加他们的工作保障和职业发展机会。

军事行动也是如此。你必须解释清楚,为什么一项任务不仅对国家具有战略意义,而且对前线部队也有影响:"这项任务将破坏敌人对我们基地的迫击炮攻击",或者"这个任务将削弱敌人收集情报并向我们发动进攻的能力",或者从更宏大的视角来看,诸如,"如果我们能在敌人的地盘上阻止他们进攻,他们就永远没有机会攻击我们的地盘,这样我们的家人才会安全"。

无论执行什么任务或者目标,团队都需要了解这将会对他们产生哪些积极的影响。因此,请明确地、直截了当地向他们解释清楚。

 巧妙地告知真相

在提出批评时,要思虑周全,用语巧妙。如果当面批评某个人,他会有抵触情绪,不太可能接受批评,所以要采用较为间接的方法。

领导者在以间接的方式提出批评时,首先要承担责任。当然,"承担一切"是所有领导者都应该遵循的基本原则,而且在批评下属时遵循该原则还需要有一定的策略。在遵循"承担一切"原则来进行反馈时,应该注意以下几点:

- 不要说"你没有按时完成项目",而是说:"我能为你提供什么支持或资源,这样我们可以按时完成项目?"
- 不要说"你没有达成任务目标",而是说:"我觉得我可能没有把任务目标解释清楚。你是否完全理解了?"
- 不要说"因为你缺乏专业素养,导致这个客户去找我们的竞争对手了",而是说:"我认为我们在专业素养方面有所欠缺,这是我们把上一个客户输给了竞争对手的原因之一。"

要注意,你使用的这些技巧并不只是让讨厌的下属与你步调一致。那不是重点,重点是这么说表示你在主动承担——你必须真正相信自己所说的话,而且你也应该这样做,因为前面这些示例中主动承担的声明不只是口头上的,都是要付诸行动的。

- 如果领导者跟进团队成员,并确保他们拥有按时完成工作所需的所有支持和资源,那么工作将会按时完成。
- 如果领导者以简单、清晰、简洁的方式对任务进行了解释,而且确保团队都理解了,那么团队将会完成任务。
- 如果领导者不强调专业素养的重要性,那么下属的行为不专业就不足为奇了。

我经常被问到,在什么情况下领导者不用对团队的表现负全责。答案是:没有。如果团队的表现不好,那就是领导者的错——领导者没有培训和指导团队成员完成任务。如果一个团队没有时间进行培训,那么领导者就没有把培训作为优先事项,也没有在命令链中向上去争取所需的支持。如果团队成员只是没有能力履行他们被要求履行的职责,那么也是领导者没有做好自己的工作,去罢免表现不合格的员工。

承担是切实存在的,如果使用得当,承担的理念将会在组织上下传播开来。所以,当一位领导说:"我能为你提供什么支持或资源,以便我们能按时完成这个项目?"通常下属会说:"好吧,老板,我本可以在项目的某个部分再加一个人。但是,真实情况是这样的,如果我能够制订一个更好的工作计划,并且更加有效地利用工时,我们应该能准时完成工作。老板,这种情况不会再发生了。"

第二部分 领导力战术

问题就这样解决了。

但是,在某些情况下,下属没有对间接的批评作出回应。在这种情况下,有必要给予下属更加直接的批评。但是,领导者仍然不能去苛责下属,即使在提出更直接的批评时,也要婉转和有技巧。以下这些较为直接的方法一般不会造成人身攻击:

- 不要说:"我能给你什么支持或资源,以便我们能够按时完成项目?"更加直接的批评是这样的:"这是你的项目,我相信你会努力按时完成的。你还需要什么资源?"
- 不要说:"我觉得我可能没把任务解释得很清楚。你是否完全理解了?"更加直接的批评应该是这样的:"你是这项任务的负责人,但是我们没有达成目标。你明白我们的目标是什么以及目标的重要性吗?如果没有,我应该怎么做才能确保你下次能100%地理解?"
- 不要说:"我认为我们在专业素养方面有所欠缺,这是我们将上一位客户输给竞争对手的原因之一。"这种批评可以升级为:"我认为在这方面我太松懈了。作为一名领导者,你要坚定不移。缺乏专业素养就别再干这一行了。"

这种更为直接的批评可能会很好地解决问题,但是如果不能的话,则有必要进一步升级。领导者可能要解释,如果情况没有得到改善,这位下属将被给予书面警告。如果这也不起作用,那么领导者将必须跟进并给这位下属记过处分,确切地记录问题、期望、需要采取的整改措施,以及未达到期望可能造成的后果。

在警告全面升级之后,接下来领导者就没有什么可以做的了。如果这位下属还是不达标,领导者有责任将其撤职,或者把他安置到能胜任的岗位上，或者请他离开团队。

 平衡表扬

当我担任"壮汉作战小组"的指挥官时，我们进行部署前的训练，训练包括多个战术训练模块，帮助我们为战斗部署作好准备。最有活力、最激烈的训练模块就是近身格斗。这项训练包括运用战术穿越建筑物，清除敌方人员，对平民进行编组，解救被扣押的人质并安全离开建筑物。我们在训练时使用实弹射击、实弹爆炸甚至狙击手射击。总之，这是一项高压训练，需要团队中每个成员都有出色的表现。

我们有一个很优秀的作战小组：领导团队很聪明，而且经验丰富；中层海豹突击队队员刚刚从战斗部署中回来；新兵谦虚而热情。我们投入了很多时间和精力进行准备。在训练尚未开始之前，我们就已经在回顾和演练清理建筑物的标准操作程序。我们遵循了四条作战法则：我们始终运用掩护下移动这条法则；对计划和沟通保持简单高效；对重大问题排定优先级并执行；在作战时充分地将权力下放，让团队中的每个成员都根据自己对任务和指挥官意图的理解来采取行动，并作出支持任务的决策。

这些原则都非常有用。我们在跑步穿越战斗室的过程中做得很好。战斗室是一栋有防弹墙的巨大建筑物，海豹突击队队员和其他特种作战小组用它来演练近身格斗。当然，很多人也犯了错误，作为一个团队，我们并非一直表现得很出色。但是，无论从个人还是领导者的角度，我们犯错误了就要主动承担，找出解决

方案并尽快实施。当一个人遇到问题时,整个团队都会团结在那个人周围,花额外的时间,帮助他迎头赶上。

在第二周快要结束时,教官把一个非常复杂的问题摆在我们面前。有多栋建筑物,多处同时发生破坏活动,目标动态移动,一片混乱。但是,作战小组很好地控制了混乱局面。问题解决了,目标也被击中了,问题得以迅速、认真和有效地解决。我们做得很好。

但是随后,灾难降临了。不是因为敌方人员或更加复杂的问题,而是因为我们集体的自负。

在完成这个复杂任务之后,我们聚集在教官那里进行汇报。他们提到了一些小错误。但后来,一位经验丰富且受人尊敬的军士长站起来说:"这是我们看到过的最好的作战小组!你们做得太棒了!"

作战小组里传来几声欢呼,他们听到这些话以后喜形于色。但是,我却立刻不寒而栗。我担心他们的自我意识会飙升,大家会失去重心。"我真希望你没有那么说。"我经过这位军士长时说道,"他们会放松警惕。"

他摇了摇头,回答说:"他们没事的。"

我希望他是对的,但事实并非如此。

接下来的一次穿越战斗室的行动成为一场彻头彻尾的灾难。

士兵们错失了目标。他们没有清理角落,也没有遵循简单的标准操作程序。他们的人数减少了,狙击手被困在走廊和房间里,一直无法清除建筑物。这是一次失败,与我们刚刚完成的训练结果完全相反,那次行动几乎没有缺陷,而这次情况却一团糟。

我们再次围着这位教官进行汇报。教官从个人和领导层面抨击了我们犯下的一系列错误。但是,没有人谈及真正的问题,所以我在汇报结束的时候插话了。

"你们知道为什么会这样吗?"我问这个作战小组。没有人回答。"我来告诉你们。你们都骄傲自满了。在上次穿越之后,军士长给了我们所有人高度赞扬,那是他人好,有时候得到一些积极的反馈确实让人很高兴,但是有一个大问题——你们太把它当回事了。你们信以为真,失去了重心。你们所有人都是这样,包括我也是。我们失去了谦卑的态度,都放松了警惕,我们垮了。现在,让我们重新回到那里消灭这个目标,要有侵略性,有精准度,去报仇雪恨,丝毫不能懈怠。有问题吗?"没有人说话。我继续说:"那就这样,让我们上膛开枪,按照预期的方式行动。"

我们接下来也是这样做的——回到了正轨,表现出了应有的水平。

我又一次吸取了教训,或者说我重新学到了一课,在海豹突击队服役期间,我一次又一次地看到这种情况发生。给予表扬的时候必须谨慎。收到太多的表扬,人们会有意无意地放松一点努力。团队中的每个人都放松一点,最终就会产生负面影响。

当然,这里存在二分法:表扬应当要给,但是给的时候必须明智而审慎,而且应当以要求团队继续努力为目标。不要说"这是我们看到过的最好的作战小组",尝试说"这是我们看到过的最好的作战小组,如果你们加倍努力,你们将设定新的标准。让我们看一下你们的清理时间能否再减少两分钟。"这样,团队成员就又有了争取的目标,他们会更加努力。

同时,也不要做一个永不满足的领导者。如果团队每次做得好的时候,你都把球门柱移到更远的地方,这样也会挫伤士气,团队成员最终将变得精疲力竭，不再全力以赴，因为他们知道自己永远赢不了。

为了避免过度表扬，我一直采用一种方法，那就是直接表扬个人而不是团队。我不会说"你们这个团队在这次行动中做得很棒"，而是指出具体的人："迈克把房间里的所有障碍都清除了，做得很好。吉姆把平民很好地进行了编组，你处理得很好。你们三个锁定了目标的背面，很棒。"

对个人的表扬会让每个人都知道，我对他们做得好的事情印象很深刻，我的表扬不是哄人开心的空口白话。要想获得我的认可，就必须全力以赴。当我退役的时候，听到了一些关于他们一直在寻求得到我表扬的故事，他们竭尽全力地表现，希望我能给予他们某种表扬。当我表扬他们的时候，他们会觉得是自己博得了表扬。然后他们尝试一次又一次地去博得表扬，不断地努力去做好自己的工作。这个例子表明，当你在整个团队内不断强化这种态度，结果会说明一切。

所以请记住，表扬是一种工具，但必须谨慎地使用。表扬的太多，人们可能会松懈，安于现状。表扬的太少，团队可能会失去希望。这也意味着，如果团队成员正在失去希望并且士气正在下降，那么一些适当的表扬可能大有帮助。相反，如果你看到下属过于自信，那么一点批评可能会让他们有所控制。无论哪种方式，请记住，当你成为领导者，你的言语会比你想象中更多地影响下属和团队的行为。说话前要三思，然后字斟句酌。

希望

"我们希望好天气能够持续下去。"

"希望敌人在那个位置没有哨兵。"

"我们希望竞争对手不要在这个区域抢占市场份额。"

这样说显然不好。正如我们在军队里所说的：希望不是一种行动方案。你不能依靠希望，你要去计划，要考虑意外情况。你得让事情发展对你有利。你不能指望希望在计划或执行中发挥作用。

但是，希望在领导和获胜的过程中确实有一定的作用。尽管希望不能作为行动方案或者计划的支柱，但执行任务的人心中必须存有希望。如果没有获得救援、成功或者胜利的希望，他们就坚持不下去。没有希望，他们可能就会投降。

这就是为什么你要负责去维持和保持团队中的希望。向团队说明胜利是可能取得的，并解释如何能够取得胜利。如果胜利遥不可及，就指出一些在短期内可以取得的胜利，这样团队就知道他们可以取得胜利，从而保持希望。

如果既不能取得胜利又不能撤退，那就要解释清楚，面对即将来临的失败，仍然要继续前进，这本身就是一场胜利。坚持到底并付出一切，至少会建立你们团队的声誉。有了这种声誉，每个成员都可以昂首挺胸地进入下一个篇章，为下一个挑战作好准备。这种态度能让我们有足够的希望继续战斗。

最后通牒

最后通牒不是最佳的领导工具。就像固执己见一样,它没有回旋的余地。没有人喜欢被困住或者被控制。但是,在极少数情况下,可以也必须使用最后通牒:当你真的受够了,忍无可忍的时候。当能够使用最后通牒,也发出最后通牒之后,领导者必须坚定不移地走下去。切勿让最后通牒不了了之。

作为上司发最后通牒

如果你觉得必须向下属发出最后通牒,那么你首先应该问自己:我的领导力失败在哪里?因为事实上,作为领导者,你应该通过切实的领导力而不是最后通牒从下属那里获得你要的东西。解释为什么一项任务对于战略使命很重要,以及完成这个使命最终会给团队中的每个人带来什么益处,这种方法应该足以让人们去做他们需要做的事情。但这并非易事,有时候需要花费大量的时间和精力才能正确地传达这一信息。

但是,有时候,无论你怎么努力尝试,都无法把这一信息传达下去。在你用尽各种办法让一个下属做他应该做的事情都失败之后,最后通牒将成为最后的杀手锏。

一旦发出了最后通牒,就无法撤销,这也是最后通牒的意义所在。最后通牒就其本质而言是不能改变也不能调整的。这会让收到最后通牒的人感到被困住,而没有人喜欢被困住。如果你下达了最后通牒却不遵守,那么你的信誉就会受到影响。

话虽如此,如果你已经用尽了一切力量,比如你已经辅导、指导和试图说服一个人做某件事,而他仍然不愿意做,那么给他下达最后通牒就可以理解了。下达最后通牒的时候要明确,不仅要说明对方需要做的事情,而且要说清楚,如果他没有完成会有什么后果。不要使用模棱两可的话语,要确保对方完全理解。

尽管在极少数情况下,可以对个人采用最后通牒策略,但对于团队而言,应当尽量减少使用这种方法。如果对团队必须合作完成的事情下达最后通牒,那么有些成员可能会改变他们的态度和表现,有些可能不会。如果发生这种情况,你将难以辨别谁的态度和表现有所调整,谁没有改变,这将会是一个挑战。相反,如果确实有必要对团队下达最后通牒,那就下达给领导者。然后,领导者可以与团队合作完成或者不完成最后通牒中的任务,并承担后果。如果团队完成了任务,领导者会知道团队中的哪些人参与了工作,哪些人没有参与,可以作出相应的处理。如果团队没有完成任务,那么你作为上司,就可以确切知道该找谁问责——团队的领导者。

▨ 作为下属发最后通牒

最后通牒既是威胁,也是权力交易,因此,在命令链中向上发最后通牒是个高风险的举动。例如,下属说:"如果我没有得到晋升,我就离开公司。"大多数老板都不会喜欢这样的话。也许你应该先弄清楚自己为什么没有获得晋升,而不是给老板发最后通牒。也许你做的不如你想象中的好,也许其他晋升候选人的表现更好，也许其他人比你资深，也许公司没有提拔任何人，也许你还没有资格得到晋升。无论是哪种情况，提出晋升要求成功的可能性很小，即使这样做了并得到了晋升，也会有问题。你已经暴露了对团队忠诚的限度，而且将自己的晋升置于团队和使命之上。这将被大家记住。

在命令链中向上发最后通牒本质上就是负面的。不要向上司发最后通牒，而是要与上司进行合理的讨论，解释你的立场和想法。切勿在命令链中向上发最后通牒。

如果在极少数的情况下，你已经用尽了所有可能的方法来告知上司某个结果，可上司还是不明白，而你实际上也在尝试另一种解决方案，那么就让上司知道。但我会把这作为警告，而不是最后通牒。如果你一直在为晋升而作准备，做的事情都正确，问的问题也都正确，任职时间也足够长，你的确是最佳候选人，那么可以让你的上司知道："老板，我在这里工作六年了，我真的很喜欢这里，也希望继续在这里工作。但是，我要养家糊口，我要为他们创造更好的生活。我知道别的公司在对我提供一些向上发展的机会。虽然我不想，但如果我在这里没有晋升的可能，那我要考虑下别的公司是否有机会让我的职业生涯可以更进一步。"

你已经说得很委婉了，但是很多老板仍然会觉得被冒犯了。所以，除非万不得已，就不要这样做。除非你是认真的，否则不要这样做。你要确保别处还有其他机会可以让你的职业生涯获得发展。

当然，要求晋升并不是下属在命令链中向上发最后通牒的唯一情况，还可以是下属要求更多支持，或者要求加薪，或者是需要一台设备或额外的资金。不管最后通牒是什么，对于命令链中的上级来说，最后通牒几乎都带着刺，所以在发出最后通牒时一定要格外谨慎。

◆ 处理收到的最后通牒

虽然没有人喜欢最后通牒，而且它也不是好的领导工具，但不幸的是，领导者有时确实会对下属下达最后通牒。在所有其他领导手段都失败的情况下，这通常是一个万不得已的选择，也意味着你提出的要求不可能或者几乎不可能得到满足。

那么，当上司对你发出最后通牒时，你应该怎么办？说真话。

你应该先对自己说真话。对状况进行认真、诚实的评估，确认你所承担的任务是否切实可行。你是否在竭尽全力完成这项任务？你和你的团队还能做些什么努力来完成工作？如果对这些问题的回答表明你还可以做些事情，那么你就加倍努力地去做。

你还应该和团队成员说真话。让他们知道你和团队已经收到了最后通牒，并解释为什么你们要尽最大努力来完成这个工作。

希望在摆脱所有的停顿并像往常一样奋起直追以后，你和团队能够完成任务。你与上司举手击掌，告诉你的团队他们做得很好，然后继续进行下一个任务或项目。

不幸的是，现实并非总是如此。下达最后通牒通常是因为任务或项目极其困难，甚至是不可能实现的。即使你和你的团队进入了"超人模式"，全力以赴地去完成工作，还是远远不够。这时你该怎么办呢？

同样，答案是说真话，只是这次是向上司说真话。首先，确认是否有其他措施可以帮助你完成任务。也许你需要更多的人手，也许你需要更多的资金，也许你需要搁置其他任务专注于完成这项任务。一旦了解了所有信息，你要向上司说明情况，说明尽管有最后通牒，但你还是无法完成他要求你做的事情。描述你需要什么资源来完成这项工作，如果得不到所需的资源，将会发生什么情况。

如果你与上司之间的沟通很顺畅，而且他们又有足够谦卑的态度去听你讲，那么在你详细说明了情况之后，他们会认清事实，然后撤销或者至少修改最后通牒。但情况并不总是如此。下达最后通牒的上司可能不够理性，不会去倾听，而且固执己见。如果发生这种情况，你只能屈服，尽力而为，尽力保护你的团队，并坦然承受后果。不要心怀恶意，也不要贬低领导者，更不要放弃。在这种情况下，保持住团队的尊严和士气就是胜利。

反射和削弱

领导者必须控制好自己的情绪。让情绪影响决策是错误的。但这并不意味着领导者没有情绪，而是他们必须学会引导和调节情绪。有时候，领导者也必须表现出情绪来表明立场或者与他人建立联系。

假设你的一位下属走进你的办公室，满脸愤怒地大喊："这太荒谬了！供应部门没有按时把原材料交付给我们！已经连续两个星期这样了，我们可能会延误工期！"

显然，你的这位下属需要冷静一下。但是，你不能直接这么跟他说。如果你告诉下属，"听着，哥们，你要冷静下来"，你的话就会产生相反的效果——你的下属会更加生气。他们会因为你不了解他们的困扰而感到沮丧，而且会更加确定你完全不知道供应部门的失败对整个组织会造成灾难性影响！你让下属冷静下来，这也在你们两个之间形成了一道鸿沟。你在一边，而你的下属在另一边。现在，你的下属不再对你敞开心扉，而是充耳不闻，完全听不进你说的任何话，所以事情不会取得任何进展。

所以，与其和下属进行对抗性的对话，不如成为盟友。有一种好方法是运用"反射和削弱"的技术。反射和削弱是指反射你从下属那里看到的情绪，但是将其削弱到更可控的程度。所以，当下属对供应部门未能按时交付原材料感到愤怒并大声控诉时，与其让他冷静下来，不如稍微提高自己的嗓门来反射这种愤怒，但又要削弱这种情绪，不要像他那样强烈，让形势降级。可以这么说："你在开玩笑吧！他们晚了几天？"

你这么说，情绪就得到了反射，你现在站到了下属那一边。"两天！"你的下属回答说。虽然他仍然在抓狂，但是少了些怒意。

现在你也可以稍稍安静下来了。"两天太久了。我们要彻底解决这个问题。但是，我们还需要做些事情来解决你所处的困境。我怎么样才能帮到你？"

在这简短的交流中，情绪问题已经解决，你和下属可以开始解决眼前的实际问题了。

这个技术几乎对任何情绪都有用。如果有个人感到悲伤，反射这种情绪，但要尽量削弱这种悲伤。如果有个人嫉妒别人，你可以跟着稍微嫉妒一下，这样可以解释嫉妒到底是什么（是他的自我意识！），然后他会听你讲。即使某个人认为某句评论或某种情况很有趣，而你并不是这么看的，如果告诉他要严格要求自己并且认真一点，会让他觉得你没有幽默感，而幽默感对于领导者也很重要。所以，试着微笑，甚至可以轻声地笑出来，然后再解释为什么你们俩对这件事情都要更加认真。因为下属看到你有幽默感，觉得你与他联系在一起，所以他会更容易听你讲话。

这个技术在命令链中向上和向下使用都奏效。不要在情绪上把自己与团队成员分开。相反，要培养共同的情绪——反射他们的情绪，但要削弱情绪的激烈程度，这样他们的情绪才能降级，你就能专注于解决眼前的问题。

什么时候能冲着下属大喊大叫

什么时候可以冲着下属大喊大叫？几乎什么时候都不可以。当然，在某些情况下，你必须大喊大叫，例如周围很嘈杂或者需要引起较多人的注意时。但这些情况下的"大喊大叫"指的是音量，而不是情绪。在这种情况下，你必须大喊大叫，这样别人才能听见你的声音。但是，提高音量传达信息和情绪激动地大喊大叫是两码事。因为生气、沮丧、恐慌或其他原因而大喊大叫是领导不力的表现，你的团队成员会模仿你的行为。如果你生气，他们也会生气。如果你感到沮丧，他们也会沮丧。如果你开始感到恐慌，他们也会恐慌。

如果你因为他们不理解你说的话而大喊大叫，那你就错了。对他们大喊大叫会让他们觉得自己做错了事，而事实却是，如果员工不理解你的话，那是你的问题，你没有简单清楚地表达自己的观点。你要寻找不同的方法，而不是大喊大叫。冷静下来，采用不同的方法，询问他们哪些地方不理解，也可以让他们解释他们理解的内容，以便了解他们的理解存在哪些漏洞。然后，再进行澄清、重新构架、详细阐述，并继续与他们讨论这些信息，直到他们理解为止。有耐心比暴脾气更加会受到赞赏和尊重。

话虽这么说，有时候你可能不得不大喊大叫，但这种情况应该很少见，而且要经过精心谋划。我几乎从来没有大喊大叫过。在 20 年的职业生涯中，我大喊大叫的次数一只手就可以数过来。当我这样做的时候，会留下印记。我大喊大叫只是因为情况需要，而不是因为我在发脾气。我会用大喊大叫来升级和强调想要传达给某个人的一条信息，前提是我在大喊大叫之前已经作出了多次努力，而他仍然不理解问题的严重性。

假设我手下的一个海豹突击队队员违规了，我不会对他动怒。相反，在他第一次违规之后，我可能会说："嘿，你违规了，你知道吗？"他可能会解释自己为什么违规，通常这就足够了，他不会再违规了。但是，如果他又一次违规了，我就不得不上升一个级别提出警告："这是你第二次违规，你知道的，对吗？你知道我们为什么有这个规则吗？"此时，我会向这位任性的海豹突击队队员解释这条规则，确保他不仅了解了规则，也知道为什么不能违规。这么做了以后，也许再经过一次此类应对的升级迭代，我很少会再看到有违规行为。通常，对规则是什么、它为什么很重要、它对我们的战略使命有何影响以及不遵守它会有什么后果作出正确解释，足以让员工遵守规则。有时候，甚至可能要进行两到三次对话才能阐明我的观点。

但是，我遇到过一个海豹突击队队员，我的话似乎对他不起作用，尽管进行了多次解释，他还是会再次违规。这时我会再上升一个级别，提高嗓门大声吼他。同样，这种情况很罕见。当我这样做的时候，我是私下里快速、直接而且激烈地对他大喊大叫。毫无疑问，我在这个问题上产生了情绪："你又违规了，这是绝对不可接受的！我不会再容忍这样的事情发生！"然后，我降低音量，有所控制地咆哮着说："我说的够清楚了吗？你明白了吗？"

此时，他脸上表现出震惊、恐惧，最重要的还有理解。因为这是他第一次看到我大喊大叫，所以立即了解了情况的严重性。在我的整个职业生涯中，我再也没有对第二个人这样大喊大叫过。

话虽如此，大喊大叫在绝大部分时候都是不恰当的。即使这是你心中已经进行过精心谋划的选择，但是你的吼叫仍然会给人留下失去控制的印象。另一种升级的方式是给予书面警告。在多次警告他们之后，你可以威胁他们要给予书面警告或者记过处分。这样很多人可能会吓得马上改正。但是，如果他们反复违规，就必须给予书面警告，这与大喊大叫的效果一样，可以让他们迅速改正。

当然，有些人无论你怎么做都不会改变自己的行为。作为领导者，你必须记录这些人的问题，最终把他们调离你的团队。

 ## 让别人倾听

随着职级逐渐上升，你需要发表自己的看法。当你讲话的时候，你会希望大家都在倾听。但是有时候，会有一些人不听你讲话，他们打断了你或者声音压过了你。你应该怎么办？答案很简单：让他们说。让他加入进来，说出他们的想法。

如果有人想说话，那就听他说。对付一个想说话的人，最好的办法就是让他把想法说出来。当他说完了以后，你就可以表明你的观点了。

这样做还有一个好处，就是当他们抛出所有的想法时，你不仅了解了自己知道的情况，还了解了他们掌握的情况。有了这些信息，你就可以评估他们的想法。你可以围绕他们的想法制定对策或建议。在一个小组中，当你听到几个人在分解自己的想法，互相争论，并就他们想法的细节相互提问时，这种方法同样有效，甚至效果更好。同样，在整个过程中，你可以更加清楚地了解别人的想法，同时围绕这个主题默默地丰富你自己的想法或主意。当你终于找到机会说话时，你的想法将会是最全面、最完备的。

你说的越少，听的人就越多。不要一直滔滔不绝，在需要说的时候才说，但不要为了说而说。你会发现，听别人讲话并吸收他们所说的内容，可以对讨论制订最重要的方案有莫大的益处，并且帮助你表达出最有影响力的陈述，这将增加你对局面的影响力。即使听完同事之间的辩论最后你要做的只是批准，但表达清晰的批准比你一个人喋喋不休更有分量一些。

不要浪费口舌——让其他人去这么做吧——相反，你在说话的时候要充满耐心和力度。

道歉

有些领导者认为道歉是软弱的表现,但这通常是因为他们很弱,而且对自己的领导地位没有安全感。

犯错了就要道歉,这是对的,也是主动承担的一部分。在你做的某些事情对某人产生了负面影响的时候尤其如此。你遗漏了他们,忽略了他们,或者以某种方式对他们不敬。在发生这种情况时,道歉是完全可以接受的。实际上,道歉不只是可以接受的,还是正确的做法。

如果你因为作出的某个决策而道歉,那么道歉的同时还必须附有解释。向团队解释你为什么要这么做:你看到了什么,对情况是怎么判断的,如何预期决策是否能解决问题,实际发生了什么,以及如何防止自己再次犯同样的错误。然后,你要认真地为你所犯的错误道歉。不用每次为一点点小错误道歉——不是因为道歉不好,而是如果没有什么需要道歉的话,就没有必要道歉。如果这个错误的决策没有造成重大的负面影响,就无须道歉。但是,如果你觉得自己犯了一个错误,而且觉得自己应该道歉,就去道歉。

如果你觉得自己不应该道歉,因为这不是你的错,请先控制一下自我意识。有可能你原本可以用其他方法做得更好,你要为此表示歉意。如果你真的认为自己没有过错,那你就真的错了。主动承担仍然是一个有效的工具。道歉并主动承担责任,消除别人的怒气,这样他们就不会再责怪你。然后,你还要找到解决问题的方案并开始着手解决问题。

我很难找出有什么情况可以不用去道歉。我不害怕道歉,如果我犯了错误,我就主动承担。如果有人犯了错误,但没有人承担,我也会站出来承担。也许这就是我一直处于领导岗位的原因,我愿意承担责任。我愿意承受打击,接受别人的责难。我愿意道歉,承认错误并继续前进。我建议你也这样做。

平易近人,但要出言谨慎

领导者与员工之间很容易形成鸿沟,而这种由于肢体距离、薪酬差距产生的社会经济鸿沟,或者组织的职级结构造成的距离可能相当大。为避免这种情况,你要尽你所能来缩小这种差距。花点时间与你的员工在一起——和他们一起实地考察,参观他们的办公室,花点时间待在他们工作的地方。不要用挥金如土、谈论自己的收入或前往欧洲滑雪度假的经历来炫耀自己的财务优势。不要让你的职级扼杀了良好的沟通。与下属不仅可以讨论工作,还可以讨论生活、家庭和未来。尽可能去认识他们,去了解他们。当领导者与命令链中的每个人都建立了良好的关系,与他们之间的差距就会缩小。这样员工才更有可能与领导者讨论问题,分享顾虑,透露"冰山"之下的问题。这对于了解组织内部的真实气氛至关重要。

但是,请记住,即使你缩小了与员工之间的差距,仍然要保持界限感。作为领导者,你必须小心,与下属相处时不要过于熟络、随意或完全不设防。八卦、嘲讽和轻率的言语从领导者口中说出来会有很大的杀伤力。类似朋友之间友善的玩笑甚至也可能会对下属产生影响。即使是合理的批评也需要谨慎地提出，最好是私下提出来，以维护员工的尊严。这并不是说不需要反思这些关键错误，以便让整个团队从中吸取教训，但批评必须是有建设性的，要对事不对人。

领导者出言必须非常谨慎，领导者说的话可能会产生很大的影响。正面的言论可以激发并提高员工的热情，而负面的言论则会压垮人的精神。所以，对于说什么、对谁说以及怎么说，都要特别谨慎。

 树立榜样

如果你在领导岗位上，整个团队都在注视着你。你的员工在注意你的态度。他们在观察你的行为，而且不会错过任何事情。如果你开会迟到，他们会注意到。如果你翻白眼，他们会注意到。如果你打哈欠，他们也会看见，而且会认为你累了或者无聊了，或者两者兼而有之。

团队成员在注视着一切，最重要的是，他们会模仿自己看到的行为。如果你迟到，他们也会迟到。如果你穿着随意，他们也会穿着随意。如果你违规，他们也会违规。因此，你必须始终保持正确的行为，你必须是一个完美的典型。

他们还会有意无意地模仿你的情绪。如果你保持冷静，他们也会保持冷静。如果你感到恐慌，他们也会感到恐慌。如果你态度消极，他们的态度也会变得消极。

如果你的态度积极,他们的态度也会积极。如果你尊重他人,保持谦虚,并且以专业的态度行事,那么你的团队在大多数情况下也会这样。

很多领导者犯错误是因为他们不了解下属的洞察力。下属其实在注意着一切。他们观察、记录、互相之间讨论领导者的行为。我之所以知道这些是因为我曾经也是下属。在我待过的前两个海豹突击队作战排中,我都是最年轻、资历最浅的。我一直在观察并注视着上司的一举一动。

你的下属对你密切关注,这也意味着他会注意到你是否在掩饰什么。如果你犯错了,不要去掩饰。承认错误,主动承担责任,说明你将会采取什么措施防止这个错误再次发生。不要对他们说谎,他们会看穿你的谎言。

作为一名领导者,谨记你在被下属时刻关注着,做所有事情的时候你都必须为下属树立榜样。

结论　全靠你，但不关乎你自己

作为一位领导者，你不能寻找任何借口，也不能去责备任何人。你要作决策。你必须建立关系。你要进行沟通，让所有人都能理解你的想法。你要控制自我意识和情绪。你要学会超脱。你要为团队注入自豪感。你要训练团队。你要平衡、得体、时刻警觉，而且要主动承担责任。这份清单还可以不断地列举下去，构成了我们称之为"领导力"的这项极其复杂的任务。如果你把所有这些事情都做好，如果你有效地领导团队，团队将会取得成功，任务也将完成。如果你没能有效地领导团队，你将会失败，团队也将无法完成任务。

领导力全靠你。

与此同时，领导力不是关乎你自己，完全不是。领导力关乎团队，团队比你更加重要。从你将自己的利益置于团队和使命之上的那一刻起，你就注定成为一个失败的领导者。当你认为自己侥幸成功时，当你认为团队不会注意到你的自私行为时，你就错了。你的员工都看见了,而且他们也都知道。

运用本书中的领导力战略和战术可以让你取得成功。这些战略和战术也能够让团队取得成功。但是,如果你将它们用来发展自己的职业生涯或自己关注的事情,最终将适得其反,让你失望。你会成为一个失败的领导者和失败的人。

但是,如果你运用这些战略和战术帮助他人和团队完成任务,那么团队将会取得成功。如果团队成功了,那么你作为领导者和个人也赢了。更重要的是,你的员工也赢了。这才是真正的领导力。

译后记

　　从艰涩难懂的领导力理论知识到领导力基本技能、实战手册，从学生领导力、团队领导力到海豹突击队的领导力，从团队合作到我一人孤军奋战，这已经是我们团队翻译的第五本领导力经典著作。似乎对领导力"堆砌"得越来越多，翻译时却越来越感到迷糊。正如林少华在翻译村上春树的《奇鸟形状录》后所言："译来译去，即使字数再多，也终究是传达别人的话，就像把自家脑袋租给了别人。"只有写译后记才算把脑袋又收回到自己肩上。我本来就是抱着学习的态度来翻译的，一边翻译，一边和学生研讨。在翻译《学生领导力发展手册（第二版）》《领导力让世界更美好：理解领导力发展的社会变革模式》《团体社会工作：综合指南（第八版）》这三本著作的过程中，我体会最深的是"啃"，把书本越啃越薄，直到能够说服自己，理解作者的意图，知会书中理论。后来我翻译《领导力技能手册：领导者必备的50项技能（第三版）》一书，开始转向领导力应用。正如乔·欧文在书中所述，领导力不是从课本中学来的,而是从实践经验中习得的。但是,经验具有随机性,好的经验可以复制为好的行为习惯,负面的教训也容易让人养成坏的习惯,最好的结果就是默默告诫自己不要再犯同样的错误。实践性领导力就是要通过大量案例的学习,剔除各种经验的随机性,形成一个通过经验学习的框架,让你在花费同等力气学习领导力的情况下,比别人学得更快、更容易。

下面对我在本书翻译过程中遇到的几个问题作出特别说明:

翻译中遇到的几个问题

关于 detach 的译法

从字义上看,detach 这个单词有多种意思:拆卸;(使)分开,脱离;摆脱;离开;派遣,分派等。在本书中,detach 这个概念被多次提及,而且它是作者作为一名新兵进入海豹突击队的第一个排学到的最重要的原则,也即所有团队领导力的基石。在一个排的行进中,依次是先遣兵、行军队长、通信兵、第一狙击手、医护兵、第二狙击手、助理行军队长、后方警戒人员。当没有人发出号令,所有人都在等待下一步行动的时候,必须有一个人从正常行进的队伍中 detach,纵观全局,发出号令,指挥队伍前进。我起初将其翻译成"脱离",也就是"超越正常步调,获得更好的视野"的意思。作者在书中多次用到这个词:当局面一团混乱的时候,他选择 detach,可以把形势看得更加清楚;当与别人谈话的时候 detach,就能更好地读懂对方的情绪和反应；情绪激动的时候 detach，能让自己作出冷静而又合乎逻辑的决策；detach 可以让他摆脱细节，看到场景逐渐显现……汉语词汇实在丰富多彩，有些地方将 detach 翻译为"脱离"显然不大合适，比如，在表达情绪和心理反应时似乎应该是"超脱"，在混乱的场景和交谈中似乎又应该翻译为"摆脱""解脱"。除非有特殊情况，同一本书中的同一个单词，总不能有多种译法。思忖再三，我选用了"超脱"这一译法。

◼ 关于 dichotomy 的译法

从词源上分析，dicho 是"二"的意思，而 tomy 是"砍、切"的意思，所以 dichotomy 这个词的本义就是"一分为二"。但我见到这个词后第一时间想到的是它的意思之一"对生植物"。一棵植物，叶片分列在秸秆两侧，对称而生。在逻辑学里，将 dichotomy 译为"二分法"，这是个学理性的、值得一再解读的概念。在本书中，作者对此概念进行了解读。确切地说，作者曾经用一整本书对此概念进行解读：它指领导者同时要把两个方向的对立力量控制住，如果一个方向失衡，会造成另一个方向也失衡。直白地讲，就是要保持平衡。当我看到作者专门解读这一概念的作品《平衡：打造超级团队的二元领导力法则》后，更加坚定地将 dichotomy 译为"平衡"。

◼ 关于 one-cruise wonder 的译法

作为一本"纯手工打造"的实战手册，其作者又是一位咨询公司的经理人和TED热门课程的主讲教师,本书的语言自然是通俗易懂。书中出现了不少俚语,如one-cruise wonder,按照书中解释的意思是:你不再是个新手,已经入队一段时间,但你又不能独立行动;你自以为什么都懂,但其实不然。我曾经尝试将其翻译为"愣头青",但好像有些贬义色彩;译为"涉世未深的小青年",又似乎有些过于随意。最终,为了便于读者理解,我将其译为"拥有一次行动经验的奇才",有点直译的意味。在没有更好的选择时,可能直译就是最恰当的译法吧。

作者其他著作名称的译法

约克·威林克已经有三本著作同中国读者见面,本书中也屡次提及。《极限控制:如何在绝对困境下逆袭并获取胜利》(*Extreme Ownership: How U. S. Navy SEALs Lead and Win*)由武汉大学出版社出版;《平衡:打造超级团队的二元领导力法则》(*The Dichotomy of Leadership*)由北京时代华文书局出版;《自律给你自由》(*Discipline Equals Freedom*)由中信出版集团出版。也许是为了迎合市场,中译书名所表达的意思和原作的主旨有一定的差距,需要读原作或者读本书才能深切体会。

翻译的历程

约克·威林克是个"猛人",曾经在美国海豹突击队服役20

年,获得少校军衔。他曾担任美国海豹突击队第三中队的指挥官,退役后创办了领导力咨询公司,市值已经达到数百万美元。约克·威林克出版了六本书,其中五本名列《纽约时报》畅销书排行榜前列,《领导力战略与战术:实战手册》即为其中之一。了解到他的一系列成就与不凡经历后,我突然感到惶恐:作为一个业余译者,在作品面世后,一众专业人士不给个"机翻痕迹严重,糟蹋了作者的作品"的评价就算手下留情了。我唯一能做的就是将译稿一审再审。

翻译这本书正值新冠肺炎疫情在全国肆虐之时,教师和学生全部居家上网课。我和两个孩子坐下来制订了计划。按照学校的要求,孩子们将上网课放在第一位,体育锻炼放在第二位。同时,他们要求我把做饭放在第一位,把陪他们玩放在第二位,根本就没有考虑我自己的事情。我暗地里想:我还是趁机把北京大学出版社刘秀芹编辑交给我的翻译任务完成吧,此时不做,更待何时?每天早饭后,听着国歌声,我们三个人一同面对电视举行升旗仪式。然后,我们陪哥哥一起做广播体操,结束后开始我们各自的重点活动。本以为这样的生活很快就会结束,我会回到学校上班,孩子们会回到学校上学,没想到竟然持续了九个多月。

翻译过程中,我碰到了不少小麻烦并一个个去克服。但同时,照顾两个孩子给我带来更大的挑战,我开始从手头的翻译稿中寻求答案:我尝试着去领导,不去操控;对孩子们讲真话,建立信任关系,施加影响力,赢得他们的尊重;当孩子们犯错的时候,我告诫自己不要反应过激,要释放他们的天性;当孩子们取得成绩的时候,在表扬面前要一视同仁……原来这本书是如此生活化,怪不得叫"实战手册"!

  感谢我的孩子们,与我配合得如此默契;感谢哥哥一直激励我做运动;感谢妹妹把她的小书桌借给我用这么长时间。感谢这个伟大的时代,在国际风云变幻、可歌可泣的抗疫故事不断涌现的时候,我依然可以安于一隅,静心地翻译和实践领导力。

刘常庆
2021 年 2 月